U0733086

"十四五"职业教育国家规划教材

创新创业教育实践

（第二版）

主　编　刘华强

副主编　邓小瑜　刘　斌　杨　敏　戴　玉

CHUANGXIN CHUANGYE JIAOYU SHIJIAN

中国教育出版传媒集团

高等教育出版社·北京

内容提要

本教材是"十四五"职业教育国家规划教材,是在第一版的基础上修订而成的。

本教材共分为五个项目,包括认识与运用创新方法、了解商业模式与创业计划书、进行创业准备与创立企业、进行初创企业经营、管理初创企业,涵盖了创新创业项目的完整流程,从实践角度切入,帮助学生掌握切实可用的创新创业项目运营知识,从而增强创新创业素养,并有效开展创新创业实践。教材穿插了大量经典案例,并以课前活动、实训实践等帮助学生将所学付诸实践,具有较强的可操作性。部分资源以二维码形式置于页边,可扫描获取。

本教材适合作为高等职业院校公共课教学用书,也可作为致力于创新创业的广大青年的参考用书。

图书在版编目(CIP)数据

创新创业教育实践 / 刘华强主编. —2 版. —北京:
高等教育出版社,2024.10
　ISBN 978 - 7 - 04 - 061672 - 9

　Ⅰ. ①创…　Ⅱ. ①刘…　Ⅲ. ①创业-高等职业教育-
教材　Ⅳ. ①G717.38

中国国家版本馆 CIP 数据核字(2024)第 004255 号

策划编辑	周静研	责任编辑	周静研	封面设计	张文豪	责任印制	高忠富

出版发行	高等教育出版社	网　　址	http://www.hep.edu.cn
社　　址	北京市西城区德外大街 4 号		http://www.hep.com.cn
邮政编码	100120	网上订购	http://www.hepmall.com.cn
印　　刷	上海叶大印务发展有限公司		http://www.hepmall.com
开　　本	787mm×1092mm　1/16		http://www.hepmall.cn
印　　张	13.5	版　　次	2024 年 10 月第 2 版
字　　数	312 千字		2019 年 8 月第 1 版
购书热线	010-58581118	印　　次	2024 年 10 月第 1 次印刷
咨询电话	400-810-0598	定　　价	37.00 元

本书如有缺页、倒页、脱页等质量问题,请到所购图书销售部门联系调换

第二版前言

随着第四次工业革命的到来,世界已由信息化时代进入智能化时代,国家之间的竞争越来越激烈,主要体现在科学技术和创新型人才的竞争上。只有创新型国家才能在国际竞争中取得有利的位置。党的二十大报告指出,必须坚持科技是第一生产力、人才是第一资源、创新是第一动力,坚持创新在我国现代化建设全局中的核心地位。大学生是最具创新创业潜力的群体,是我国经济建设的接班人。大学生只有具备一定的创新思维和创业者素质,才能更好地适应未来的工作环境和应对市场竞争中的各种挑战。

近年来,我国高校创新创业教育不断加强,发展迅速,然而仍然缺乏适合高职学生的实用型创新创业实践教材。很多人对创新创业教育的认识还存在误区,认为创业教育只是教人如何创业的,但实际上,无论是创业还是就业,创新思维和创业者素质对学生而言都非常重要,可以极大地提升学生的个人竞争力。因而我们认为,全面提升学生的创新思维、创业者素质、创新创业综合能力才是创新创业教育的基础和根本。为了满足高职院校对创新创业实践教材的需要,编写组成员进行了多方调研,充分征求了广大师生的意见,并结合高职院校的教学实际情况编写了《创新创业教育》《创新创业教育实践》这两本教材。

一、编写依据

本教材根据《国务院办公厅关于深化高等学校创新创业教育改革的实施意见》(国办发〔2015〕36 号)、《国务院关于推动创新创业高质量发展打造"双创"升级版的意见》(国发〔2018〕32 号)、《国务院办公厅关于进一步支持大学生创新创业的指导意见》(国办发〔2021〕35 号)等文件精神开展编写,旨在贯彻落实《国家职业教育改革实施方案》和《教育部关于职业院校专业人才培养方案制订与实施工作的指导意见》(教职成〔2019〕13 号)精神,根据已经颁布的高职各专业教学标准开发,具体依据如下。

(1)《教育部关于职业院校专业人才培养方案制订与实施工作的指导意见》规定:"高等职业学校应当将思想政治理论课、体育、军事课、心理健康教育等课程列为公共基础必修课程,并将马克思主义理论类课程、党史国史、中华优秀传统文化、职业发展与就业指导、创新创业教育、信息技术、语文、数学、外语、健康教育、美育课程、职业素养等列为必修课或限定选修课。"

(2)《国务院办公厅关于进一步支持大学生创新创业的指导意见》中"提升大学生创新创业能力"部分的"将创新创业教育贯穿人才培养全过程"指出：深化高校创新创业教育改革，健全课堂教学、自主学习、结合实践、指导帮扶、文化引领融为一体的高校创新创业教育体系。

二、教材开发目标和培养要求

（一）教材开发目标

培养具有创新创业意识和能力的高素质技术技能人才，使其树立创业意识，掌握创业知识，发展创业能力，培养创业心理品质，提高核心能力和核心素养，成为具有创造性的个人。

（二）培养要求

使学生具有创新意识、创新思维，养成创新人格，锻炼创新能力；使学生具备必要的创业知识和技能，通过增强其市场开发和企业经营能力，锻炼、培养其创业心智，使其具备企业家的综合素质，实现自主创业或岗位创业。具体分述如下。

（1）面向全体学生开展创业教育，传播创业文化，为学生顺利融入创业团队或创业企业提供指导。主要内容包括创业机会、商业模式、创业资源、企业创办、创企生存、创企就业等方面的知识。

（2）面向全体学生开展创新思维训练。主要内容包括创新认识、创新思维、创新方法、创新成果方面的知识，以及创新实训、应用实践等。

（3）对有创业意愿的学生进行创业实践指导，培养其企业家精神和初创企业的经营管理能力。主要内容包括企业了解（含企业文化和企业家精神）、创业意识、自我评估、市场评估、创业团队、财务计划、创业计划、企业管理（生存管理、发展规划）、绿色创业等方面的知识。

（4）帮助有创业意愿的学生积累创业实践经验、增强创业能力、提高创业成功率,对学生在校期间的创业实训提供指导。主要内容包括商务综合策划、问题解决、模拟企业创办、商务促销等方面的知识。

（5）帮助已经在进行创业实践活动的学生总结"双创"成功的经验和模式,激发其拼搏精神,帮助其理性创业、降低创业风险。主要内容包括入驻须知(如何获得公共创业孵化服务)、创新案例、创业事迹、失败分析、风险提示、法律责任、遣散和善后(如何注销企业、遣散员工等)等方面的知识。

三、教学目标、内容和学时

（一）《创新创业教育》(第三版)

1. 教学目标

培养学生具备创新精神、创业意识、创新创业能力,进而实现高质量就业。

2. 内容和学时

内容分为认知创新创业、训练创新思维、提升创业素养、开展创业实践 4 个项目,可作为面向高职院校全体学生开设的必修课教材使用,建议学时为 32 学时。

（二）《创新创业教育实践》(第二版)

1. 教学目标

让学生掌握创新方法,具备创新精神和创业能力,能够设计商业模式和创立企业,具备初创企业管理能力。

2. 内容和学时

内容分为认识与运用创新方法、了解商业模式与创业计划书、进行创业准备与创立企业、进行初创企业经营、管理初创企业 5 个项目,并包含创新创业大赛介绍、创业计划书和路演的相关附录。本教材既可作为《创新创业教育》(第三版)的配套实训教材,又可单独使用,建议学时为 32 学时。

四、教材特点

本教材的主要特点是以创业过程为主线、以实训任务为驱动、以学生学习为中心。

（1）以创业过程为主线。学生完成相应的课程学习和实训任务后，能完成创新创业项目的开发与初步迭代，还能较大程度地提升创新思维能力和创业者综合素质，初步具备从产生创业想法到设计最简可行产品，再到撰写创业计划书并进行路演的能力。

（2）以实训任务为驱动。本教材的每个项目都包含几个由浅入深的任务，从案例入手，带动知识的学习和实训任务的完成，并依据任务的完成水平检验和总结学习过程，不仅传授给学生理论知识和操作技能，而且培养他们完成创新创业项目的职业能力。

（3）以学生学习为中心。本教材配备完备的数字化资源，纸质教材与数字化资源紧密结合，支持线上线下混合式教学的开展。每个项目都设计有导入案例，学生课前可以预习，课中可以参加课堂练习、实训实践等。每个项目都设计了实训任务，学生为了完成任务需主动学习，并在课堂上展示、宣讲实训任务成果，其后才能进入下一个项目的学习。由此，学生随着任务的推进一直沉浸在创业过程中，得以不断提升创新创业综合素质。本教材突出了创新思维训练和创业实践指导，内容丰富、有趣，可操作性强。

在编写过程中，我们参阅和借鉴了大量的文献资料，在此谨向文献作者和资料提供者致以诚挚的谢意。

由于时间仓促，编者水平有限，教材中难免有疏漏与不足之处，欢迎广大读者批评指正。

编　者

目　录

项目一

认识与运用创新方法

学习目标

1. 了解设计思维的概念、功用、理念、构思方法、开展过程和应用。

2. 掌握以用户为中心的设计思维方法的应用,掌握与用户共情、从用户的角度解决问题的创新思路和方法。

3. 增强创新意识,养成运用设计思维的习惯。

课前活动

时间:30分钟。

场地:教室。

道具:咖啡杯。

活动步骤:

1. 全班同学分成几个小组,各小组在30分钟时间内对咖啡杯进行设计,打造一款适合大学生的咖啡杯。

2. 各小组展示设计方案,并分别派出一名同学介绍这款咖啡杯的创意来源和设计过程。

3. 将本小组的设计方案销售出去,按照售价高低决定各小组名次。

导入案例

将购物车玩出新花样

以设计思维著称的IDEO公司曾经接受美国广播公司晚间在线节目的一个挑战,要在短短五天之内重新设计人们日常使用的超市购物车。

"重新设计购物车"任务开始的第一天,由拥有不同背景的成员组成的创新团队走上街头,观察普通民众,咨询专业人士。他们分成几个小组,有人到超市里采访购物者,观察人们如何购物,看到了安全隐患(如成人和儿童挤在一起)和使用的不便(如购物车会在狭窄的通道中卡住),以及超市员工使用手推车的讨巧办法;有人访问购物车制造商、修理工,了解现有购物车的缺点和维护方式;还有人前往当地的自行车商店,掌握最新的设计和材料方面的信息。通过一整天的观察,创新团队基本确定了新的购物车要达到的三个目标:让采购更加便捷、让儿童更加安全、防止被盗。

第二天上午，创新团队围绕第一天明确的三个目标展开了头脑风暴。成员们拿出各种颜色的便利贴和小玩意儿以便刺激灵感产生，让各种新奇的想法涌入大家的头脑。经过几个小时的讨论，当几百个奇异的点子和草案被提出之后，大家开始投票选出最棒的设计方案，同时要注意它们不能太过理想化，必须在几天之内就能被转化为产品。

在投票选出最佳方案之后，创新团队重新分组，与机械师、模型制作师一起，开始动手制作第一轮模型，限时3小时。几组制作的第一轮模型各有千秋，创新团队结合这些模型的优点，马不停蹄地开始了下一轮的模型制作。经过三天的不断修改、迭代，创新团队终于在第五天的早晨交付了令人满意的成果。

这些全新设计的购物车(图1-1)出现在超市的购物通道上时收获了无数惊奇的目光：它不再是四四方方的，而是拥有优雅、流畅的线条；敞开式的框架使得五个手提篮可

图1-1　全新设计的购物车

以被灵活地放置于购物车的上下两层，这样购物者就可以把购物车当作"存储基地"，只需要带着手提篮进入拥挤的货架区拿取商品；儿童座位借鉴了游乐园的安全护栏设计；购物车上还有一个用来结账的条码扫描头、两个水杯座和可以巧妙调节方向的后轮；取下手提篮后的购物车只剩下一个铁架子，几乎派不上什么用场，从而有效规避了被偷盗的风险。

设计思维是一种非常重要的创新思维，体现了一种以人为本地解决问题的方法论。解决问题要从人们的需求出发，多角度地寻找创新性解决方案，并创造出更多的可能性。

微课：什么是创新思维

一、认识设计思维

设计思维是一种以人为本的创新性思维，目的是使产品既符合用户的需要，又具备技术上的可行性和商业成功的必备条件。设计思维强调观察、协作、将概念快速原型化及并行商业分析，使得创新可以实现非线性流程化。设计思维需要将人放在首位，这就是设计思维的核心精神：以人为本，也叫以用户为中心。

设计思维通过分析问题、观察用户发现用户未被满足的需求，并提出解决问题的多种创意方案，做出产品原型，通过多次测试，不断验证、思考、改善、迭代，以寻求商业价值、技术、用户需求之间的平衡。

设计思维可以被用于很多方面，比如产品创新、流程再造、商业模式创新、用户体验改

进等。

二、设计思维实施的五个阶段

设计思维的实施有五个阶段：理解阶段、定义阶段、构思阶段、原型阶段、测试阶段。

（一）理解阶段

理解就是要站在用户的角度思考，了解其对我们试图解决的问题的想法，简单来说，就是换位思考。在解决问题之前，我们必须先了解目标受众，比如我们希望改善学校的教室环境，那么，我们就可以像学生一样坐在课桌后面上一整天的课；或者，我们希望学生自主解决班级纪律的问题，我们就可以让一名学生来做一天的老师。这个阶段的目标是深入解读用户，收集大量信息。

这一步可以采取多种方法进行，比如访谈、观察、参与等，切实记录用户的体验或情绪、感受。此外，还可以使用便利贴，将听到用户说的话、看到的情形、感受等立即写下来，当作下个阶段中分析的原始数据。访谈时切记不要使用引导式问句，多问开放性的问题，再根据用户的回答继续往下追问，在其每次回答后多问一个"为什么"，才能了解用户真实的感受。

（二）定义阶段

定义阶段要分析用户需求，聚焦要解决的问题，找到创新的机会点。在定义阶段，需要将在理解阶段收集到的信息放在一起，分析并进行整合，以便定义出核心问题，用以人为本的方式做出问题陈述。比如，"让学生的成绩更好"就不是一个精确的需求定义，而"提升学生在自习时的专注水平"则是更精准的需求定义。只有精准定义需求，我们才能开始解决问题。

（三）构思阶段

这个阶段可以看作头脑风暴的阶段。围绕上一阶段定义出的核心问题，团队成员可以跳出局限，打破惯性思维，天马行空地提出各种各样的点子。为核心问题寻找新的解决方案，不一定要一次就想到最好的点子，而是要在众多点子里选出最好的。构思阶段应尽可能多地提出想法或问题解决方案，随后借助一些技巧调查和测试团队成员的想法，找到解决问题的最佳方案。

（四）原型阶段

在这个阶段，团队成员选出一些性价比高的创意，制作出可触、可感的产品原型，用于测试上一阶段提出的解决方案。原型可以是具体的产品模型，也可以是小规模的环境或过程的简单模拟。原型应可以被组织中的其他部门或团队之外的一小群人共享和测试。这是一个试验阶段，目的是为前三个阶段确定的问题找出最佳的可能解决方案。解决方案通过原型实现，团队成员针对每个方案进行调查，这些基于用户体验的方案可能会被接受、改进、重新检查或者拒绝。本阶段结束时，团队成员将更好地了解产品的局限性和目前出现的问题，对用户在与产品的互动过程中的行为、想法和感觉有更全面的理解。

（五）测试阶段

在这个阶段，团队成员会使用在原型阶段确定的最佳解决方案来严格测试产品，看问是否得到了解决、需求是否得到了满足。这是最后阶段,也是一个迭代的阶段。在这个阶段,为了排除一些问题,解决方案还会进行更改和改进。这个阶段非常重要,一些想法可能会在这个过程中被重新定义,甚至可能发现新的问题。

案例 1.1

以设计思维造福早产婴儿

全球范围内,每年都会诞生约 2 000 万名体重过低的早产婴儿,超过 100 万名早产婴儿会在出生后一个月内因缺乏妥善照顾而夭折,而 98% 的夭折现象发生在发展中国家。在这些国家,由于公立医院较少,婴儿会因为在去往医院的长途跋涉中无法得到合适的照顾,或因为父母无法支付昂贵的婴儿保育箱使用费而去世。即使及时送医,也常有因对保育箱的操作不当而发生的早夭事件。

一个设计思维创新团队来到了孟加拉国的一家大型医院,与医生、护士交谈,了解了婴儿保育箱的设计背景。他们还来到附近村庄的家庭中调查,发现由于交通不便,人们从家里到医院会花费大量时间,早产婴儿本来就十分脆弱,赶到医院时可能已经夭折了。而且,团队成员通过仔细观察发现,很多母亲很难接受把自己的宝宝孤零零地放在医院的箱子里,她们更希望能够时刻跟自己的宝宝在一起。因此,人们需要的是一种便携的婴儿保育箱。创新团队由此定义出了真正的问题。

创新团队根据头脑风暴产生的点子做出了 100 多个产品原型,最后选定了一个方案:睡袋式的婴儿保温袋。其内部设置了一个蜡制的部件,可以加热,为婴儿持续保温。他们回到村庄,向村民展示婴儿保温袋的产品原型。通过对使用体验的调研,创新团队发现设计中还存在一些看似不起眼,实则非常重要的问题。例如,有些婴儿个头很小,被放入婴儿保温袋后,母亲无法看到宝宝的脸,就会担心宝宝是否还在呼吸。

通过反复沟通与改进,团队最终了解了当地用户的使用方式及真实顾虑,进一步完善了婴儿保温袋的设计。比起传统的婴儿保育箱,这种保温袋的使用更加简单、安全,一次充电就可以使婴儿的体温维持 4～6 小时。保温袋的价格仅是传统婴儿保育箱的 1%,能反复利用,也符合环保理念。这款婴儿保温袋市场化以来,已有超过一万名发展中国家的早产婴儿受益。

要注意的是,五个阶段并不总是按顺序进行的,它们不必遵循任何特定的步骤,而且通常可以并行地发生,可以迭代地重复。因此,这些阶段应被理解为促成项目完成的不同模式,而不是按顺序进行的步骤。这些阶段可以被切换、同时进行或重复多次,以找出最佳的解决方案。

该模型的主要好处之一是在后期阶段获得的知识可以被反馈到前期阶段。信息被不断地用于增进对问题和解决方案的理解,并重新定义问题。这创造了一个永恒的循环。在这个循环中,设计师不断获得新的见解,以新的方式思考产品及其可能的用途,并获知用户面临问题时的反应。

总结案例

海盗船 CT 机

医用成像设备设计师道格·迪兹在医院目睹了这样一幕：一个小女孩在接受 CT 检查时被吓哭了。经过调查，他发现，医院中近 80% 的儿童患者需要服用镇静剂才能完成 CT 检查。对儿童来说，神秘的 CT 机意味着未知的恐怖。

运用设计思维方法，道格·迪兹和团队重新设计了儿童 CT 机。他们将 CT 机设计成海盗船的模样。在儿童进入 CT 机前，医生宣布："好了，你现在要进入这艘海盗船了。别乱动，不然海盗会发现你的！"经过测试，超过八成的儿童患者会主动选择海盗船 CT 机。一个刚做完检查的小女孩甚至问："妈妈，我们明天还能来吗？"通过墙面、地面、道具与游戏化的引导语言的配合，CT 检查室变成了"海盗船体验馆"，形成了主题化的趣味场景。对儿童而言，严肃、恐怖的医疗检查变成了一次探险之旅。

海盗船 CT 机案例充分体现了以用户为中心的问题解决思路。该成果在满足儿童患者需求的同时，也提高了医院的检查效率。

实训实践 1.1

运用设计思维设计小礼物

让我们现在开始想出一些点子来为同学设计小礼物。请把你关于更好的小礼物的创意画出来，限时 5 分钟。

感觉如何？似乎不太理想。这是一种典型的面向问题的解决方法，即针对一个给定的问题，让你基于你的观点和经验开展工作，根据脑中的解决方案做设计。让我们试试另一种方法——以人为本的设计思维法。

一、理解阶段

1. 访问你的同学

针对你的目标对象进行换位思考。交谈是换位思考的良好开端。你可以问问你的同学他平时有什么兴趣爱好，学习、生活中有什么不方便的地方，从而全方位了解对方的生活。

访谈 5 分钟,记下对方的需求。

2. 深入挖掘

深入挖掘那些在访问中引起你注意的信息,尝试去发掘故事、情感和情绪。要经常问"为什么"。忘掉小礼物,去寻找对你的同学来说什么是重要的。用笔记录让你感兴趣和感到惊讶的内容。

深入挖掘 5 分钟,记下有关信息。

二、定义阶段

1. 提炼所发现的信息

将所发现的信息整合为两类:同学的目标和希望,以及你的洞察。使用动词表述目标和希望,这是和对方的兴趣、生活相关的需求。请同时考虑对方在身、心两方面的需求。

2. 从对方的立场考虑

站在对方的立场上进行需求陈述,包括对方的情况、需求及其原因。

三、构思阶段

1. 创造方案

根据确定的问题陈述,想出尽量多的不同点子,画出大量草图。

2. 介绍方案并听取反馈

选出 5 种设计方案的草图,向对方介绍你的方案,并听取反馈。记下对方喜欢/不喜欢什么,同时注意倾听,以获得新的方案。

四、原型阶段

1. 提出新的创意方案

基于你的设计方案和对同学的需求的新理解,提出一个新的创意方案。这个方案可以是对之前方案的完善,也可以是全新的。

2. 制作原型

根据反馈迭代你的设计方案,确定新的设计方案,根据方案制作一个实物原型。如果你的方案是一种服务或者一个系统,请设计一个情境来让你的同学体验这一方案。你可以使用手头的任何材料,包括空间环境。

五、测试阶段

向你的同学介绍这个原型,让同学感受它并给出反馈。

原型测试不是要验证原型的正确性,而是要和同学开展一次有针对性的谈话。在测试的时候,请不要过分关注原型,无论是在物理上还是情绪上。你的原型不重要,它所引发的反馈和新的洞察才重要。不要试图捍卫你的原型,相反,请仔细观察你的同学是怎样正确地或错误地使用它的。请记下设计方案中你的同学喜欢/不喜欢的部分,以及你产生的新点子。

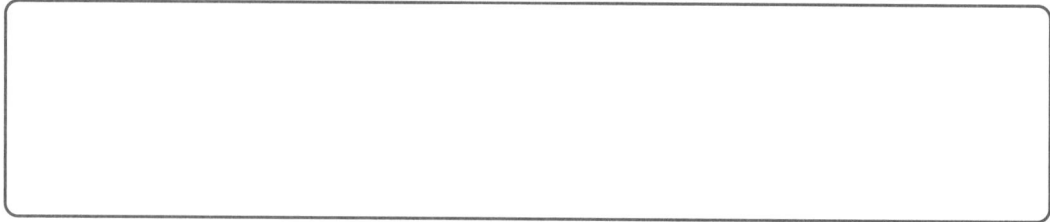

任务二　认识 TRIZ 创新方法

学习目标

1. 明确 TRIZ 理论的适用领域和理论依据,了解 TRIZ 创新方法的核心思想,以及 TRIZ 理论解决问题的工具和主要方法。

2. 尝试应用 TRIZ 创新方法。

3. 拓展创新思维,增强创新意识,养成用创新方法解决问题的习惯。

课前活动

时间:15 分钟。

场地:教室。

道具:火柴。

活动步骤:

1. 每位同学取 8 根火柴,要求在最短的时间内用 8 根火柴拼出一个菱形,菱形的每个边只能由一根火柴构成。

2. 请做出来的同学讲讲思路,没有做出来的同学说说失败的原因。

导 入 案 例

爆米花原理及其应用

传统的爆米花制作方法是通过加热升高锅内温度和压力,在锅内食物成熟后,急速降低外环境压力,产生食物内外部的压力差,造成食物表面爆破的效果。

20 世纪 40 年代,为了生产辣椒罐头,人们需要将辣椒果肉和辣椒籽分离。研究人员发明了一种方法,还申请了专利:将需要分离的辣椒装入密闭容器,给容器增加压力到 8 个大气压后,骤降容器的压力至 1 个大气压,造成辣椒表皮破裂,辣椒籽与果肉顺利分离的效果。这个专利的原理与上述的爆米花原理类似。同样的原理还可以应用在松子、瓜子、栗子等的破壳,过滤器的清洗及带有裂缝的钻石原石的分割上。

一、TRIZ 理论概述

TRIZ 理论由苏联科学家根里奇·阿奇舒勒创立,他穷其毕生精力致力于该理论的研究和完善。在他的带领下,苏联的研究机构、大学、企业组成了研究团体,通过研究、分析世界上近 250 万份高水平的发明专利,总结出了各种技术发展进化遵循的规律模式,以及解决各种技术矛盾和物理矛盾的创新原理和法则,综合多学科领域的原理和法则,建立起了 TRIZ 理论体系。

测评:威廉斯创造力倾向测验

TRIZ 理论基于技术的发展演化规律,揭示了发明创造的内在规律和普遍原理,着力澄清和强调系统中存在的矛盾,而不是回避矛盾,其目标是完全解决矛盾,获得最终理想解,而不是折中或者妥协。它是基于技术的发展演化规律来研究整个设计与开发的过程的。实践证明,运用 TRIZ 理论可以加快创新、发明的进程,而且能得到高质量的创新产品。它能够帮助人们系统地分析问题,快速发现问题的本质,准确定位问题的探索方向,不会错过任何可能性,而且能够帮助人们克服思维障碍,打破思维定式,以新的视角分析问题,进行逻辑性和非逻辑性的系统思维,还能帮助人们根据技术进化规律预测未来发展趋势,开发富有竞争力的新产品。

学习这种创新理论可以提升发明创造的能力,为人们解决问题提供高效、便捷的参考路径。TRIZ 理论被广泛应用在医学制药、电子电气、自动控制、航空航天、仪器仪表、化工轻工等众多领域,在管理和商业领域也取得了可喜的成果,被称为“超级发明术”,正受到越来越多研究机构、企业和专家的重视。

二、TRIZ 理论的核心思想

TRIZ 理论的核心思想可以归纳为以下三个方面:

(1) 无论是简单的产品还是复杂的技术系统,其核心技术都是遵循客观规律发展和演变的,即具有客观的进化规律和模式;

(2) 各种技术难题、冲突和矛盾的不断解决是进化过程中的动力;

(3) 技术系统发展的理想状态是用尽量少的资源实现尽量多的功能。

(一) 技术系统的进化法则

技术系统的进化法则揭示了系统发展变化的规律与模式,是 TRIZ 理论的基础。其主要应用于解决新产品研发过程中的问题,预测技术和产品的未来发展,对产品的技术成熟度进行评价,以及进行专利布局、实施专利战略等方面。

这一法则将技术系统的进化过程分为四个时期——婴儿期、成长期、成熟期和衰退期,技术系统性能发展的曲线被称为技术系统进化的 S 曲线(图 1-2)。与 S 曲线相对应的性能参数、专利数量、发明级别和经济收益曲线如图 1-3 所示。

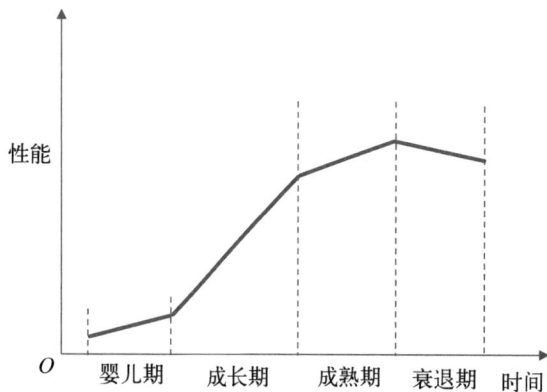

图 1-2 技术系统进化的 S 曲线

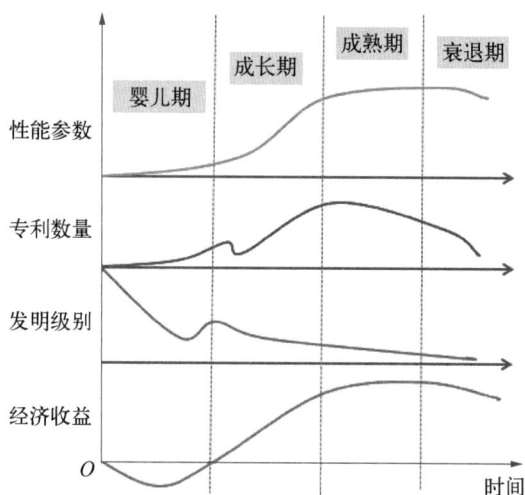

图 1-3 S 曲线对应的性能参数、专利数量、
发明级别和经济收益曲线

1. 婴儿期

处于婴儿期的技术系统往往随着高水平的发明出现而形成,但存在不稳定、不成熟、效率低等问题,处于市场培育期,需要投入大量的人力和物力。这个阶段系统发展相对缓慢,所产生的专利级别很高,但专利数量很少;解决新系统存在的主要技术问题需要消耗大量资源,经济收益为负值。对企业来说,选择进入新系统相关产业的时机很重要,要有对未来的洞察力和过人的胆识。

2. 成长期

当社会认识到新系统的价值和市场潜力后,新系统就进入了成长期。这个阶段会有更多的资源被用于解决系统中存在的问题,使许多主要技术问题得以解决,系统的效率和性能得到提升,市场前景开始显现,使更多资金被投入系统的开发过程,进一步推动系统的进化,形成系统发展的良性循环。这个阶段市场对产品的需求增长很快,可能出现供给不足的现象,消费者愿意出高价购买产品,企业利润大幅提升。

3. 成熟期

由于成长期大量的人力、物力和财力投入,技术系统日趋完善,发展到成熟期时,性能水平达到最高点,并建立了相应的标准体系。新系统所依据原理的发展潜力基本都被挖掘了出来,系统的发展速度开始变慢,只能通过大量低级别的发明或优化技术进行有限的性能改进。此时,产品进入大批量生产阶段,企业获得巨额利润。在此阶段,企业应投入资源着手开发基于新原理的下一代技术系统,以便在未来的市场竞争中处于领先地位。

4. 衰退期

被应用于系统中的技术已经发展到极限,很难取得进一步突破。对该技术可能不再有需求,因而其面临市场的淘汰或将被新开发的技术系统所取代的困境。处于衰退期的产品为企业创造的经济效益急剧下降,应尽快淘汰。这一阶段产生的专利无论是在级别还是数量上都明显下降。

技术系统的进化法则为企业产品的规划提供了具体的、科学的支持。在一类产品的主要功能保持不变的基础上,实现该功能的技术系统持续不断地进行技术更新的过程可以被描述为多条 S 曲线接续的技术发展路径,如图 1-4 所示。

（二）理想度、理想系统与最终理想解

理想度是指系统中有用功能的总和与系统中有害功能和成本的比率。阿奇舒勒在研究中发现,所有的技术系统都在沿着提高其理

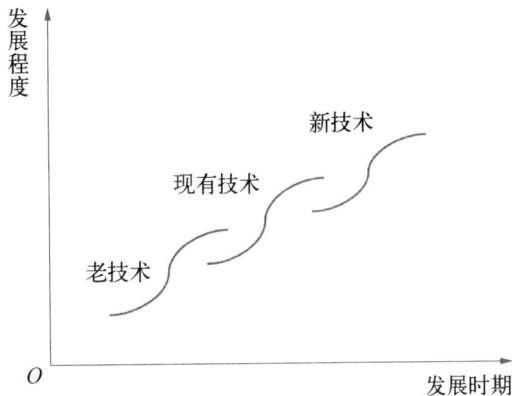

图 1-4　多条 S 曲线接续的技术发展路径

想度的方向发展和进化。可以说,创新的过程就是提高系统理想度的过程。人们不断地改进技术系统,使其速度更快、功能更强和成本更低,本质上就是在提高系统的理想度。根据理想度的定义可知,提高系统理想度的方法有三种:增加有用功能、减少有害功能或成本、将两者结合起来。

随着技术系统不断进化,其理想度会不断提高,即技术系统会变得越来越理想。当技术系统的有用功能趋向无穷大、有害功能和成本趋向零时,这就是技术系统进化的终点,这种状态下的系统就是理想系统。设计人员和发明家的使命就是通过不断改善有用功能、消除有害功能和降低成本,使技术系统逐步向理想系统逼近。

产品创新过程就是产品设计不断迭代、理想化水平不断提高,无限逼近理想状态的过程。当设计人员不需要额外的花费就能实现产品的创新设计时,这种成果就是最终理想结果。基于理想系统的概念而得到的针对特定技术问题的理想解决方案被称为最终理想解。

最终理想解的确定可以对照下面提出的问题。

（1）设计的最终目的是什么?

（2）最终理想结果是什么?

（3）得到最终理想结果的障碍是什么?

（4）这种障碍造成的结果是什么?

（5）不出现这种障碍的条件是什么?

（6）创造这些条件时可用的资源是什么?

上述问题一旦被正确地理解并描述出来,问题也就得到了解决。确定了技术系统的最终理想解后,检查其是否符合最终理想解的特点,并进行系统优化,至确认达到或接近最终理想解为止。最终理想解具有以下四个特点:保持了原系统的优点,消除了原系统的不足,没有使系统变得更复杂,没有引入新的不足。获得最终理想解是问题解决的最终目标,即使最终理想解不能 100% 地获得,我们也能得到巧妙和有效的解决方案。

三、TRIZ 创新工具与方法

TRIZ 理论体系包含众多系统的、具有可操作性的创造性思考方法和问题的解决工具，而且在不断发展和完善。

TRIZ 理论体系解决问题的思路建立在三个基本前提的基础上。第一，技术系统的演变遵循一些重要规律。第二，任何技术系统在它的生命周期内都会越来越趋于可行、简单、有效，即更加理想。提高技术系统的理想度是解决创新性问题的一般思路。第三，解决创新性问题至少要解决一个矛盾。TRIZ 理论将矛盾分为技术矛盾和物理矛盾两种类型，技术矛盾是指系统的一方面得到改进时，另一方面就会恶化；物理矛盾是指系统表现出两种相反的状态。基于以上前提，TRIZ 理论提出了具体求解创新问题的思路(图 1-5)。

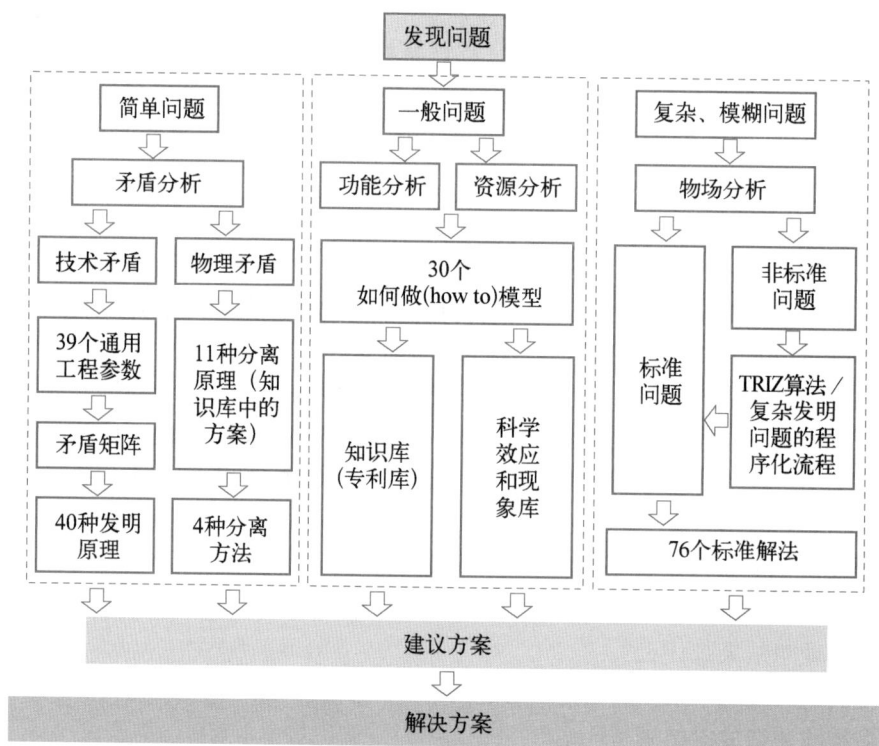

图 1-5　TRIZ 创新工具与方法

（一）发明原理与矛盾矩阵

技术矛盾是两个参数之间的矛盾，即在改善对象的某个参数时，会导致另一个参数的恶化。例如，如果希望增大桌子的强度，就会导致桌子的重量增加。阿奇舒勒及其团队查阅世界各国的大量专利，提出了 39 个通用工程参数、40 种发明原理和矛盾矩阵，用于解决技术矛盾。

1. 通用工程参数

为了将一般问题转换为适合 TRIZ 理论的标准问题，阿奇舒勒从大量专利中提取出了适用于工程领域的 39 个通用工程参数，见表 1-1。

表 1－1　39 个通用工程参数

序号	参 数 名 称	序号	参 数 名 称	序号	参 数 名 称
1	运动对象的重量	14	强度	27	可靠性
2	静止对象的重量	15	运动对象的作用时间	28	测量精度
3	运动对象的长度	16	静止对象的作用时间	29	制造精度
4	静止对象的长度	17	温度	30	作用于对象的外部有害因素
5	运动对象的面积	18	照度(光强度)	31	对象产生的有害因素
6	静止对象的面积	19	运动对象所需要的能量	32	可制造性
7	运动对象的体积	20	静止对象所需要的能量	33	可操作性
8	静止对象的体积	21	功率	34	可维修性
9	速度	22	能量的无效损耗	35	适应性
10	力	23	物质的无效损耗	36	系统的复杂性
11	应力或压力	24	信息的损失	37	检测的难度
12	形状	25	时间的无效损耗	38	自动化程度
13	稳定性	26	物质的量	39	生产率

在 39 个通用工程参数中,任意两个不同的参数都可以表示一种技术矛盾。其通过组合,可以表示 1 482 种常见、典型的技术矛盾,足以描述绝大多数技术矛盾。借助 39 个通用工程参数,可以将具体问题转化为标准的 TRIZ 问题。

2. 发明原理

阿奇舒勒发现,发明家们用来求解发明问题的基本原理是有限的,常用的有 40 种(表1－2),这些发明原理常被用于解决存在技术矛盾的问题。

表 1－2　40 个发明原理

序号	原 理 名 称	序号	原 理 名 称	序号	原 理 名 称
1	分割原理	4	增强不对称性原理	7	嵌套原理
2	抽取原理	5	组合原理	8	重量补偿原理
3	局部质量原理	6	多用性原理	9	预先反作用原理

序号	原理名称	序号	原理名称	序号	原理名称
10	预先作用原理	21	减少有害作用的时间原理	32	颜色改变原理
11	事先防范原理	22	变害为利原理	33	均质性原理
12	等势原理	23	反馈原理	34	抛弃或再生原理
13	反向作用原理	24	借助中介物原理	35	物理或化学参数改变原理
14	曲面化原理	25	自服务原理	36	相变原理
15	动态特征原理	26	复制原理	37	热膨胀原理
16	未达到或过度作用原理	27	廉价替代品原理	38	强氧化剂原理
17	空间维数变化原理	28	机械系统替代原理	39	惰性环境原理
18	机械振动原理	29	气压和液压结构原理	40	复合材料原理
19	周期性作用原理	30	柔性壳体或薄膜原理		
20	有效作用的连续性原理	31	多孔材料原理		

常用的发明原理及其应用举例如下。

(1) 分割原理。以虚拟或真实的方式将一个系统分成多个部分,以便对某种属性进行分解或合并。在多数情况下,人们会对分割后得到的多个部分进行重组,以便实现某些新的有用功能,消除有害功能。

① 将物体分成独立的部分。例如对大项目采用工作分工结构;在处理问题时,按照情况的轻重缓急来分类、排序。

② 使系统易于拆解或组装。例如采用模块化办公室／公用办公桌,进行集装箱装运。

③ 提高碎片化、分割化程度。例如将工作流程细分;将电子政务分散,提供公共服务;使用组合家具、分类垃圾箱、分体式冰箱等。

(2) 多用性原理。将不同功能或非相邻的操作合并,使一个对象具备多项功能,从而消除这些功能在其他对象内存在的必要性。例如一站式购物场所、带有坐凳的拐杖、多功能螺丝刀等。

(3) 空间维数变化原理。将对象转换到不同维度,或通过将对象分层、改变对象的方向等改变对象的维度。

① 如果系统或物体仅仅使用一个或两个维度,那么就开拓一个它没使用过的维度。例如在一个地方买入商品,到另一个地方卖出商品;分散责任和权力,如由质量部门人员对产品的技术细节和审计提出建议,但所有人都要对质量负责。

② 使用多层级安排而不是单层级安排。例如善用大楼空间的多层存储系统,以节省地板面积。

③ 倾斜或重新调整系统或物体。例如从纵向思维转换到横向思维,将报告从平面式转换到立体式。

④ 利用系统或物体的另一面。例如用"永久租约"取代直接把地毯卖给顾客的形式,顾客不再支付购买地毯的费用,只需按月支付服务费,就可以获得永远干净、漂亮的地毯;在文明城市测评中,测评员以普通市民的身份对政府窗口单位进行暗访。

(4) 变害为利原理。将有害的因素变为有益的因素。

① 转变有害的因素,特别是周围环境中有害的因素以获得良好的效果。例如以处理突发事件为契机,通过采取果断、有效的措施增强民众信心;以暂时的经济困难为契机,实现地区的产业结构调整。

② 将主要的有害因素加于另一个有害因素上,以消除它并解决问题。例如通过昂贵的停车收费疏解市区交通,采用增加销售量的亏本策略加速产品淘汰过程。

③ 将有害因素放大到不再有害的程度。例如限制商品供应量,以创造出稀有价值(限量版商品)。

(5) 自服务原理。在实现主要功能的同时实现相关功能。

① 使一个系统通过辅助功能实现自服务。例如利用用户信息开发程序为未来的销售活动提供支持,有助于实现快速、智能服务。

② 利用废弃的资源。例如返聘退休员工,将使用率暂时不高的资源借给其他组织。

(6) 廉价替代品原理。用廉价的、易处理或一次性的等效物来代替昂贵的、使用寿命长的对象,以便降低成本、增强便利性,或用多个廉价替代品来取代昂贵的对象,在相对不重要的品质(如使用寿命)上做出妥协。例如设计用后可丢的相机或手机;在高速公路、桥梁上放置用于提醒车辆减速的纸板警察或警车;组建事件处理完毕后即解散的临时工作组。

(7) 抛弃或再生原理。抛弃是指从系统中去除某些对象;再生是指对系统中的某些被消耗掉的对象进行恢复,以便再次利用。

① 抛弃或改变系统中已经完成其作用或无用的部分。如药品中消溶性胶囊的使用,火箭飞行时助推器的分离和抛弃。

② 在过程中迅速补充系统中消耗和减少的部分。如自动铅笔、自动填充弹药的枪支。

3. 矛盾矩阵

通过对大量专利的研究,阿奇舒勒发现,针对各种由两个通用工程参数确定的技术矛盾来说,40 个发明原理中的某一个或某几个被使用的次数明显要比其他发明原理多,也就是说,发明原理对于解决不同技术矛盾的有效性是不同的。因此,他将 40 个发明原理与 39 个通用工程参数相结合,建立了矛盾矩阵,见表 1-3。矛盾矩阵可以帮助技术人员快速找到解决技术矛盾的有效途径或方法。

表 1-3　矛盾矩阵（局部）

参　数	运动对象的重量	静止对象的重量	运动对象的长度	静止对象的长度	运动对象的面积	静止对象的面积
运动对象的重量	—	—	15，8，29，34	—	29，17，38，34	—
静止对象的重量	—	—	10，1，29，35	—	—	15，30，13，2
运动对象的长度	8，15，29，34	—	—	—	15，17，4	—
静止对象的长度	—	35，28，40，29	—	—	—	—
运动对象的面积	2，17，29，4	—	14，15，18，4	—	—	—
静止对象的面积	—	30，2，14，18	—	26，7，9，30	—	—

使用矛盾矩阵的具体步骤为：

（1）从问题中找出需要改善的参数 A；

（2）从问题中找出因为改善参数 A 而恶化的参数 B；

（3）参数 A、B 交会的格中的数字就是解决这一技术矛盾常用的发明原理的序号。

（二）分离方法

物理矛盾是一种常见的矛盾，当对一个系统的某个参数提出相反的要求时，就出现了物理矛盾。解决物理矛盾的核心思想是实现矛盾双方的分离。

1. 物理矛盾

对于包含物理矛盾的对象来说，承载物理矛盾的特性可能只依附于一个具体的参数（例如长度、温度等），也可能是几个具体参数（例如摩擦力、成本等）的综合表现。常见的物理矛盾既可以是针对几何参数、物理参数的，又可以是针对功能参数的，见表 1-4。

表 1-4　常见的物理矛盾

类别	物　理　矛　盾						
几何参数	长与短	对称与非对称	平行与交叉	厚与薄	圆与非圆	锐与钝	窄与宽	水平与垂直
物理参数	多与少	密度的大与小	导热率的高与低	温度的高与低	时间的长与短	黏度的高与低	功率的大与小	摩擦力的大与小
功能参数	喷射与堵塞	推与拉	冷与热	快与慢	运动与静止	强与弱	软与硬	成本的高与低

定义物理矛盾的步骤如下：

(1) 进行技术系统的因果分析；

(2) 在因果分析中定义出技术矛盾；

(3) 在技术矛盾中找到一个参数及其相反的两个要求；

(4) 定义理想状态，找到技术系统在每个参数状态下的优点，提出技术系统的理想状态。

以重型卡车制造过程中的一个问题为例。在设计、制造重型卡车的过程中，人们要求卡车自身非常坚固，并且承载量大，因此需要使用大量的钢材制作更大、更厚实的车厢，但是这样会导致卡车的自重很大，从而消耗更多的燃油。

针对这一实际问题，技术矛盾被描述为强度与运动对象的重量之间的矛盾，将它转换成物理矛盾的时候，需要找到某一个存在对立要求的参数。按上述步骤找到这个对立的参数，将其描述为卡车车身的材料密度既要高(满足自身坚固的要求)，又要低(满足降低油耗的要求)。可以看出，对于同一个技术问题来说，技术矛盾和物理矛盾是从不同角度、在不同深度上的不同表述。

2. 分离方法

物理矛盾的解决方法一直是 TRIZ 理论研究的重点。阿奇舒勒总结出了 11 个用于消除物理矛盾的分离原理。为了便于人们记忆和应用，现代 TRIZ 理论将 11 种分离原理概括为 4 种分离方法，即时间分离、空间分离、条件分离和系统级别分离。这 4 种方法的核心思想是完全相同的，都是将针对同一对象的相互矛盾的需求分离，从而使两方面的需求都得到满足。

(1) 时间分离。在时间上将互斥的需求分离，即通过在不同时刻满足不同需求的方式解决物理矛盾。例如，在十字路口，去往不同方向的汽车都要通过相同的区域，但它们又不能同时通过相同的区域，否则会造成交通事故。利用交通信号灯可以实现让去往不同方向的汽车在不同时间通过相同区域。

(2) 空间分离。在空间上将互斥的需求分离，即让系统在不同的空间层面满足不同的需求，或以系统的不同部分满足不同的需求，从而解决物理矛盾。例如，对于十字路口的交通控制矛盾，可以利用空间分离的原理加以解决，也就是建设立交桥，将不同方向的车流分离，解决不同方向的车流要经过相同区域的物理矛盾。

(3) 条件分离。将互斥的需求分离，通过在不同的条件下满足不同的需求解决物理矛盾。例如，对于十字路口的交通控制矛盾，可利用环岛使去往不同方向的汽车在同一时间通过相同的区域。

(4) 系统级别分离。在系统级别上将互斥的需求分离，通过在不同的系统级别上满足不同的需求解决物理矛盾。例如，自行车链条应该是柔软的，以便精确地环绕在传动链轮上，它又应该是刚性的，以便在链轮之间传递相当大的作用力。因此，链条上的每一个链节是刚性的，但是链条是柔性的。

解决物理矛盾的 4 种分离方法与解决技术矛盾的 40 个发明原理之间存在一定的联系，对于每种分离方法，有多个发明原理与之对应，见表 1-5。

表 1-5　分离方法与发明原理的对应关系

分　离　方　法	发　明　原　理
时间分离	9. 预先反作用原理
	10. 预先作用原理
	11. 事先防范原理
	15. 动态特征原理
	16. 未达到或过度作用原理
	18. 机械振动原理
	19. 周期性作用原理
	20. 有效作用的连续性原理
	21. 减少有害作用的时间原理
	26. 复制原理
	34. 抛弃或再生原理
	37. 热膨胀原理
空间分离	1. 分割原理
	2. 抽取原理
	3. 局部质量原理
	4. 增强不对称性原理
	7. 嵌套原理
	13. 反向作用原理
	14. 曲面化原理
	17. 空间维数变化原理
	24. 借助中介物原理
	26. 复制原理
	30. 柔性壳体或薄膜原理

分 离 方 法		发 明 原 理
条件分离		28. 机械系统替代原理
		29. 气压和液压结构原理
		31. 多孔材料原理
		32. 颜色改变原理
		35. 物理或化学参数改变原理
		36. 相变原理
		38. 强氧化剂原理
		39. 惰性环境原理
系统级别分离	转换到子系统	1. 分割原理
		12. 等势原理
		25. 自服务原理
		33. 均质性原理
		40. 复合材料原理
	转换到超系统	5. 组合原理
		6. 多用性原理
		22. 变害为利原理
		23. 反馈原理
	转换到竞争性系统	27. 廉价替代品原理
	转换到相反系统	8. 重量补偿原理
		13. 反向作用原理

（三）科学效应和现象库

TRIZ 理论系统总结了 30 种功能（表 1 - 6）及 100 个科学效应和现象（表 1 - 7），人们可以通过查询功能目标、科学效应和现象的对应知识库（表 1 - 8）找到解决问题的有效途径。科学效应和现象库集中了物理、化学和几何等方面的专利和技术成果，列出了各种效应及其专利基本信息。科学效应和现象库的应用对解决技术创新问题具有强大的帮助和支持作用。

表 1-6　功能代码表

代码	功　　能	代码	功　　能	代码	功　　能
F01	测量温度	F11	稳定物体位置	F21	改变表面性质
F02	降低温度	F12	产生或控制力,形成较大的压力	F22	检查物体容量的状态和特征
F03	提高温度	F13	控制摩擦力	F23	改变物体空间性质
F04	稳定温度	F14	解体物质	F24	形成要求的结构,稳定物体结构
F05	探测物体的位移和运动	F15	积蓄机械能与热能	F25	探测电场和磁场
F06	控制物体的位移	F16	传递能量	F26	探测辐射
F07	控制液体及气体的运动	F17	建立移动的物体和固定的物体的交互作用	F27	产生辐射
F08	控制浮质(气体中的悬浮粒,如烟、雾等)的流动	F18	测量物体尺寸	F28	控制电磁场
F09	搅拌混合物以形成溶液	F19	改变物体尺寸	F29	控制光
F10	分解混合物	F20	检查表面性质	F30	产生及加强化学变化

表 1-7　科学效应和现象表（局部）

序　号	科学效应和现象	序　号	科学效应和现象
E1	X 射线	E8	表面粗糙度
E2	安培力	E9	波的干涉
E3	巴克豪森效应	E10	伯努利定律
E4	包辛格效应	E11	超导热开关
E5	爆炸	E12	超导性
E6	标记物	E13	磁场
E7	表面	E14	磁弹性

序　号	科学效应和现象	序　号	科学效应和现象
E15	磁力	E22	电场
E16	磁性材料	E23	电磁场
E17	磁性液体	E24	电磁感应
E18	单机系统分离	E25	电弧
E19	弹性波	E26	电介质
E20	弹性形变	E27	电光和磁光现象
E21	低摩阻	E28	电离

表 1-8　功能目标、科学效应和现象的对应知识表（局部）

代码	功　能	对应的科学效应和现象	科学效应和现象序号
F01	测量温度	热膨胀	E75
		热双金属片	E76
		珀耳帖效应	E67
		汤姆逊效应	E80
		热电现象	E71
		热电子发射	E72
		热辐射	E73
		电阻	E33
		热敏性物质	E74
		居里效应(居里点)	E60
		巴克豪森效应	E3
		霍普金森效应	E55

科学效应和现象库的应用举例如下。

一天,灯泡厂的厂长召集工程师们开会,讨论顾客对灯泡质量的投诉问题。

（1）问题分析。经过讨论、分析，工程师们确定造成灯泡质量问题的主要原因是灯泡内的压力未达到标准压力。

（2）功能确定。准确测量灯泡内部气体的压力。TRIZ 理论推荐的相关科学效应和现象有机械振动、亚电效应、驻极体、电晕放电等多种。

（3）效应取舍。经过对以上效应逐一分析，只有电晕的出现与气体成分、导体周围的气压相关，所以电晕放电适用于测量灯泡内部气体的压力。

（4）方案验证。如果给灯泡灯口加上额定高电压，气体达到额定压力，就会产生电晕放电。

（5）形成最终解决方案。用电晕放电效应测量灯泡内部气体的压力，以确保灯泡质量合格。

总结案例

突破性成果！我国科学家首创

晶体是现代计算机、通信、航空、激光技术等领域不可或缺的关键材料。制备完美的晶体通常依赖于小晶体模板的使用，即以"晶体种子"作为生长起点，让原子在其表面有序堆积，逐渐形成更大的晶体，就像建造房屋一样，以地基为基础，从下往上逐层砌砖，最终建成完整的建筑。

然而，这种自下而上表面堆砌的原子生长方式存在一定局限性，不仅限制了晶体种类的多样性，还会随着原子数目不断增加逐渐累积缺陷，进而限制了晶体质量。北京大学科研团队首创了名为"晶格传质-界面生长"的全新晶体制备方法，"从界面生长，顶着上方结构往上走"的"顶蘑菇"式的生长方式可保证每层晶体结构的快速生长和均一排布，有效避免了缺陷的积累，极大提高了晶体结构的可控性。2024 年，相关研究成果以《多层菱方相过渡金属硫族化合物单晶的界面外延》为题在《科学》杂志上在线发表。

利用新方法制备出的二维晶体单层厚度仅为 0.7 纳米，可以用作极限尺度的电子集成电路。这一成果标志着我国在新型二维晶体研究领域取得了重要进展，为我国在集成电子和光子芯片领域的创新发展提供了有力支持。相关专家介绍："这是一种颠覆传统晶体生长方式的晶体制备新范式。在制备过程中，原子首先在金属表面，即'地基'上排布，形成'第一层晶体'；接着，新加入的原子通过埋在'地基'下方的晶格传输进入'地基'与'第一层晶体'之间的'缝隙'，然后顶着上方已形成的晶体层进行生长，不断形成新的晶体层。这和自然界中很多植物的生长方式类似，就像'顶蘑菇'一样。这种生长方式也类似德国慕尼黑宝马大厦的建造过程：首先在地基上构建顶部楼层结构，再利用液压千斤顶将整个顶部结构逐渐推高，在下方逐步建造新的楼层。"

这一晶体制备新方法为人类"解锁"更多种类、更多功能、更高质量的晶体材料打开了新的大门。利用这种创新方法，团队已经制备出硫化钼、硒化钼及硫硒化钼合金材料等一系列二维晶体。未来，科研团队将继续深入研究，挖掘"晶格传质-界面生长"范式的更大潜力，推动其在新材料制备领域的广泛应用。

实 训 实 践 **1.2**

应用 **TRIZ** 理论解决实际问题

平时衣服起了褶皱,我们会用熨斗烫熨平整。但是使用熨斗时有这样一个问题:假如在熨衣服的时候,突然来了电话,或者有人敲门,你离开熨衣板去处理这些事情,回来时可能会发现衣服已经被熨烫坏了。在这种情况下,你一定会想,如果熨斗能自行站立起来该有多好啊!这显然是熨斗设计的一个最终理想解(有用功能最大化,且没有有害功能)。

1. 请分析并记录以下问题的答案。

(1) 设计的最终目的是什么?

_____

(2) 最终理想结果是什么?

_____

(3) 得到最终理想结果的障碍是什么?

_____

(4) 这种障碍造成的结果是什么?

_____

(5) 不出现这种障碍的条件是什么?

_____

(6) 创造这些条件时可用的资源是什么?

_____

2. 请写下你的解决方案。

_____

_____

_____

任务三　　认识 **CODEX** 创新技术

? 学习目标

1. 了解创新技术的发展和演变过程,以及 CODEX 体系中不同层级的创新方法。
2. 能将创新方法应用于创业案例的分析中。
3. 养成善于和乐于运用创新方法和技术解决问题的品质。

课前活动

时间：20分钟。

场地：教室。

道具：白纸、笔。

活动步骤：

1. 同学们利用手头的白纸和笔，在5分钟内画出一个未来教室的草图。

2. 全班推选出4位有新颖创意的同学上台，作为4个小组的组长，分别用1分钟时间展示自己的创意，并为自己的创意拉票。

3. 其余同学根据自己的倾向加入喜欢的小组。

4. 每个小组的同学共同完成未来教室的集体创作。

5. 每组派一名代表分享作品创意。

导入案例

松下的无线电熨斗

松下电器某部门在20世纪40年代发明了电熨斗。不过，虽然该部门不断创新，但到了20世纪80年代，电熨斗还是进入了滞销行列。如何开发新品，使电熨斗再现生机，是让该部门成员很头痛的一件事。

为了改善电熨斗，找到新的商机，部门领导请来了几十位年龄不同的顾客，请他们从使用者的角度来提意见。一位主妇说："熨斗要是没有电线就方便多了。""妙，无线熨斗！"部长兴奋地叫了起来，马上成立攻关小组研究该项目。

攻关小组首先想到用蓄电池，但研制出来的熨斗很笨重，不方便使用。于是研发人员又去观察顾客的熨衣过程，发现他们熨衣时并非总拿着熨斗一直熨，整理衣物时，就把熨斗竖立在一边。他们经过统计发现，一次熨烫的最长时间是23.7秒，平均为15秒，一次竖立时间平均为8秒。于是，他们根据实际操作情况对电熨斗进行了改进，设计了一个充电槽，每次熨后可以将熨斗放进充电槽充电，8秒即可充足，使得熨斗重量大大减轻。新型无线熨斗诞生后，成为当年最畅销的产品。

一、CODEX创新体系的概念

CODEX创新体系起源于谷歌等企业的创新实践，融合了TRIZ理论等创新领域的方法论，结合人脑科学、逻辑学、认知科学、心理学、控制论、系统论、元认知、哲学等学科知识，利用统计学原理对成功的创新案例加以总结，形成了从简到繁、从易到难的五层阶梯创新模型，被应用于大量企业实践中，取得了突破性成效。

CODEX创新体系主导了国内许多大型企业的创新工作，百度、阿里巴巴、京东、海尔、华为、中国移动等高新技术企业都引入了这套体系。其在产品设计、用户体验设计等许多方面都得到了广泛应用,帮助众多传统企业实现了产业互联转型。

二、CODEX 创新体系的五个层级

CODEX 的名称源于复制(copy)、优化(optimize)、维度(dimension)、生态(ecosystem)、元模式(X-Patten)五个创新层级的缩写,是有遵循从简到繁的顺序的五个层级的创新方式。

(一)复制

复制是第一层级的创新模式。这种创新模式就是跨地域、跨领域、跨时空的复制。很多成功的创业企业都曾用过这种模式。复制模式又分为同行复制和跨行业复制,核心是"快"。复制是最安全的创新方法。学会复制别人的项目,在借鉴中学习,在复制和借鉴的实践中成长是最快的。

复制在企业创办和经营中的应用包括跟随战略、逆向工程、专利情报跟踪、跨界模仿、跨时间模仿、跨地域模仿。

(二)优化

优化创新是实践最多、最成功的一种模式,换句话说,就是利用现有的资源进行优化式创新,这种创新的核心是执行。其本质思维就是对产品按照计划、执行、检查、改进的闭环方式不断进行更新迭代。此类方法在改善用户体验、提高系统效率、降低成本方面具有明显优势。

常见的优化创新方法包括变化、减少、逆向、换位、倍增等。如将手机摄像头从一个变成两个甚至更多,就是运用了倍增的方法。

(三)维度

从不同维度开展创新也是打破惯性思维的创新方式。与竞争对手在不同的维度上做事,已经从第二层级的创新进化到第三层级的创新。因此,企业只有具备维度创新的能力,才能拥有优于同行业其他企业的核心竞争力和发展潜力,这种创新能力是企业成熟度的重要标志。

维度创新工具包括产品创新魔方、卖点技术、定位技术等。

(四)生态

生态层级是创新的第四个层级。生态创新的核心在于系统和结构的角度。产品创新往往体现的只是一个生态链条上某个环节的改善,而进行生态创新要更多地考虑如何从系统的角度解决问题,尤其需要从解决生态利益问题着手。我们要从产品入手,更要有系统思维,瞄准生态的重构。

生态创新方法包括分解、预测、构建、激活、游戏化等。

(五)元模式

元模式创新是基于对人性的深入认知而进行的创新。这种模式下没有竞争,而是帮对方做对方想做的事,然后和对方的产品建立连接,在帮对方做事的时候,也让别人通过自己的平台连接到对方的产品。

元模式创新方法有人本、归宿、跨界创新。

CODEX 创新体系为创新者提供了思考与行为的深度逻辑,旨在解决开放式应用创新

问题,尤其适用于"互联网+"、人工智能、大数据应用、基因技术、虚拟现实、物联网和生态方面的创新,可广泛应用于企业产品创新、商业模式创新、技术创新、流程优化、服务创新、管理创新、产业升级、生态构建等领域。

总结案例

游戏化设计

游戏化设计是 CODEX 创新体系在优化产品和服务时经常使用的一种跨界应用方法,即运用游戏设计元素,让用户沉浸于有趣的游戏体验中,提升用户的参与度、活跃度和享受度,进而达到促进营销、增强用户黏性的目的。

如,一位设计师做了一个"世界上最深的垃圾桶",往里面扔东西时,会听到物体从高处坠落的声音。这个垃圾桶吸引人们不断地投放垃圾,平常因想偷懒而乱丢垃圾的人也因此改变了坏习惯,甚至在公园中到处捡垃圾,乐此不疲地投入这个垃圾桶。又如,将垃圾桶改为烟头投票箱,上面印着"谁是世界上最棒的足球运动员?梅西还是罗纳尔多?"来邀请人们投票,有效改变了人们随地乱扔烟头的行为。

一家经营强力胶水的商店因为地理位置不佳,生意非常惨淡。店主为了改变这种状况,贴出一张广告:"明天上午 9 点,本店将用强力胶水把一枚价值 5 000 元的金币贴在这面墙上,若有哪位顾客能用手把它揭下来,这枚金币就归其所有。"广告贴出后,引来众多人围观。次日,店主当众将强力胶水涂抹在金币的背面,并将其粘在墙上,人们接连上前挑战,但都以失败告终。这一过程被电视台拍摄了下来。节目播出后,这家店的胶水变得广为人知,销量不断攀升。店主用一枚价值 5 000 元的金币作为诱饵,让人们主动参与到游戏挑战中来。同时,店主还充分利用了人们的好奇心,因为每一位挑战者都想知道这种胶水究竟有没有这么厉害,自己能不能将金币取下来。就这样,店主让人们通过亲身试验,了解到胶水的优质效果,通过游戏化设计做了一场成功的商业营销。

如今,众多产品、服务和品牌营销都运用到了游戏化设计的方法。游戏化设计的核心理念是让复杂的行为变得简单、有趣和可持续。在商业应用中,其一方面可以很好地增强产品与用户的互动性和用户的参与性,另一方面可以帮助建立很好的用户激励机制,给产品注入乐趣,在一定程度上保证了用户的活跃性。

实训实践 1.3

用 CODEX 创新体系的方法解决实际问题

1. 应用 CODEX 创新体系的方法,构思如何开设一家互联网快消茶公司。每三人一组,填写表 1-9。

表 1-9 应用 CODEX 解决问题

创新层级	创新方法	经 营 策 略
复制		
优化		
维度		
生态		
元模式		

2. 请三个小组的代表在课堂上分享创意方案,将这三组的创新方法和经营策略写在黑板上。其他小组的同学补充自己小组的新颖策略,最终形成一份集全班同学智慧的快消茶营销方案。

项目二

了解商业模式与创业计划书

1. 了解商业模式,掌握商业模式的组成要素。
2. 掌握商业模式设计的流程及内容,能开展商业模式创新,学会设计商业画布。
3. 增强创新意识,树立创业的勇气和信心。

时间:15分钟

场地:教室

道具:便笺纸、马克笔。

活动步骤:

1. 全班同学分成几个小组,每个小组任意选择一家国内知名企业,总结使它获得成功的要素有哪些。

2. 把总结出来的要素分别写在便笺纸上,每张便笺纸写一个要素,并在小组内讨论。

3. 每个小组派出一名同学阐述讨论结果,将便笺纸贴在白板上进行展示。

4. 教师点评。

🔧 导 入 案 例

小米的商业模式

在研发 MIUI 操作系统时,小米公司就采用了"众包"模式:通过与小米论坛中的粉丝互动收集意见,每周快速更新版本,做出产品改进。小米手机的研发也延续了这一模式,在手机的新功能开发之前会通过论坛提前向用户透露一些想法,或者在正式版本发布前一两周让用户投票选择需要什么样的产品。这种模式短、平、快,能尽可能多地将问题暴露在上游,降低了产品风险。这些在产品研发阶段积累起来的"发烧友"后来也成为小米手机忠实的核心用户和帮助小米手机开展口碑传播的意见领袖。

小米手机涉及 100 多个供应商,如提供手机零件的光宝科,提供 PCB(印刷电路板)的华通,提供触控面板的胜华、TPK 宸鸿,进行代工的英华达等。小米公司选择全球知名供应商合作,搭上这些公司知名度的顺风车,在保证小米手机的质量的同时,也提升了小米手机的品牌形象。

　　小米手机采取的是以网络为载体的 B2C(企业对个人)电子商务销售模式。这种销售方式节省了中间环节的成本和渠道代理费,让零售价格尽可能达到最低,并且搭建了网上商城。

　　小米手机的营销策略包括口碑营销、微博营销、社区及论坛营销、饥饿营销等。小米手机利用微博进行宣传,让用户及时了解小米手机的发售信息、活动情况,拉近和用户的距离。小米公司有专门的微博客服营销团队,他们的任务就是在微博上做好服务反馈的跟踪,并基于良好的服务为小米手机做口碑传播。同时,小米还在官网及社区论坛上对"米粉"进行整合,发布各类小米手机的信息。小米手机营销的最成功之处当属其"犹抱琵琶半遮面"的饥饿营销,让消费者迫不及待,对小米手机更加好奇、更加关注。

　　小米公司一直宣称自己是一家"互联网公司",而不是一家"硬件公司",所以小米公司的盈利模式依然是互联网模式,通过小米手机聚集众多移动互联网用户,依靠庞大的手机用户群,通过软件和服务赚钱。小米公司的应用软件产品也在不断丰富,如米聊、小米便签、小米读书、小米分享、小米司机。

　　想要创业必然要寻找到好的项目,而好的项目一定有好的商业模式。商业模式是企业基于自身资源和外部环境,整合使企业高效运行的各要素,为保持可持续的竞争优势而采用的有效战略管理工具,最终目标是实现价值最大化。企业经营方式的多样化,导致商业模式形态各异。当今时代,商业模式之间的竞争已成为企业之间最重要的竞争。

一、商业模式的内涵

　　商业模式是一种包含了一系列要素及其关系的概念性工具,用以阐明某个特定实体的商业逻辑。它描述了为实现客户价值最大化,把能使企业高效运行的内外部各要素整合起来,形成一个完整的、高效率的、具有独特核心竞争力的系统,并通过最优实现形式满足客户需求、实现客户价值,同时使系统达成持续盈利目标的整体解决方案。因此,商业模式也可以被视为企业获取利润的方式,是企业创造价值、传递价值和获取价值的核心逻辑与运行机制,这是企业生存与发展的根本。

　　创造价值、传递价值和获取价值是一个完整的商业模式不可或缺的三个组成部分。其中,创造价值是指采取一系列措施满足客户需求,传递价值是指通过资源配置等方式交付核心价值,获取价值是指通过合理的盈利模式持续获取利润。

　　商业模式是不断创新的,没有一成不变的商业模式。有了一个好的商业模式,成功就有了一半的保证。

二、商业模式的组成要素

　　企业要如何实现盈利?能够盈利多少?为达成盈利目标,需要思考哪些问题?为什么有些企业在短时间内就会呈现爆发式增长?为什么有些创业者凭借一个很小的想法就可以获得融资？这些其实都取决于企业是否拥有一个好的、切实可行的商业模式。

商业模式是连接客户价值和企业价值的桥梁。商业模式是由一定的商业要素组成的，这些商业要素是商业模式成立的关键因素，也是打动投资人、提高创业项目成功的可能性，以及形成企业运行机制的关键因素。组成商业模式的九大要素如下。

（一）客户细分

客户细分是一个商业模式的核心，是企业发展的根基，也是企业在设计商业模式时需要首先考虑的要素。企业根据客户的属性、行为、需求、偏好及价值等因素对客户进行细分，提供有针对性的产品、服务和销售模式，在有限资源的基础上进行有效的市场竞争。没有客户细分就没有差异化可言，所以，客户细分是商业模式的首要因素。

客户细分解决的问题是产品的目标客户群体是谁，即企业为谁创造价值，谁是企业最重要的客户。因此，创业者需要考虑以下问题：如何提供明显不同的产品、服务以满足目标客户群体的需求，如何通过不同的分销渠道来接触目标客户群体，如何推动目标客户群体产生为产品、服务付费的意愿。

（二）价值主张

价值主张是对客户真实需求的深入描述，是创业者为满足特定客户的某种需要而提供的个性化产品或服务。价值主张是一个针对竞争对手的要素，既要有和竞争对手相似的共性，又要有比竞争对手更好的差异点，这可以通过新颖设计、品牌形象、价格优势、便利性等来实现。

价值主张解决的问题是企业为客户提供什么产品、服务及价值，帮助客户解决什么根本性问题。创业者需要思考以下问题：企业应该向客户传递什么样的价值？帮助客户解决哪一类难题？正在满足哪些客户需求？正在给客户细分群体提供哪些系列的产品或服务？价值主张通过迎合客户细分群体的独特需求来创造价值，价值可以是定量的，也可以是定性的，如新颖性、性能、定制化、价格、便利性、设计。价值主张也是让客户由一家企业转向另一家企业的重要因素。

（三）渠道通路

企业将产品和服务推介或转移给消费者时的各种途径即渠道通路。创业者要考虑通过什么方式和途径可以使产品和服务触达客户，并使客户为之买单，如通过哪些渠道可以接触到客户细分群体，渠道如何整合，哪些渠道最有效，哪些渠道成本效益最好。如电信运营商，除了自有营业厅、合作营业厅、代理网点等线下渠道，还有呼叫中心、App、公众号等线上渠道，此外还有家庭社区经理，以及面向政企客户的政企客户经理等。

渠道通路是企业向客户细分群体传递价值主张的重要路径。只有向客户传递价值主张的渠道畅通、有效，才能提升企业的产品和服务在客户细分群体中的认知度，从而使客户找到购买企业产品和服务的渠道。

（四）关键业务

关键业务是使一个商业模式能够顺利运行下去的重要业务，是企业提供价值主张、接触市场、建立客户关系及获取收入来源的重要基础。不同企业在实施不同的商业模式时，具有不同的关键业务。创业者应当考虑实现企业的价值主张需要哪些关键业务，企业的渠道通路需要哪些关键业务，建立客户关系需要哪些关键业务，获取收入来源需要哪些关键业务等。

（五）收入来源

收入来源用来描绘企业从每个客户细分群体处获取的现金收入（需要从创收中扣除成本）。如果客户细分是商业模式的心脏，那么收入来源就是动脉。创业者必须考虑什么样的价值主张能让客户细分群体愿意付费，他们更愿意如何支付费用，每个收入来源占总收入的比例是多少。

一个商业模式通常包含两种收入来源：一种是从客户的一次性支付中获得的交易收入，另一种是客户为获得价值主张与售后服务而持续支付的费用。以电影院为例，其收入来源除了票房、广告费，还有 3D 眼镜、爆米花等带来的周边收入，甚至一些电影院本身也会投资电影，获取投资收益。

各收入来源的定价机制不同，有固定标价、谈判议价、拍卖定价、市场定价、数量定价和收益管理定价等。获取收入的方式主要有一次性出售和收取租赁费用、服务或使用费、订购费、注册费、中介广告费、经纪费、授权费等。

（六）核心资源

核心资源是决定企业实现价值主张的效率的关键所在，是企业维持其商业模式运转的重要资源。例如，对于制造型企业来说，保证交付产品的质量尤为重要，因此，可以自主控制的生产线就是制造型企业的核心资源。

企业的核心资源可分为四大类，分别为实物资源、知识性资源、人力资源和金融资源。其中实物资源指企业的办公场所；知识性资源指商标权、专利权和品牌等无形资产；人力资源指推动商业模式运行的人力资本；金融资源指企业的现金流。一个商业模式的成功，离不开这些核心资源的贡献。对核心资源的驾驭能力也在很大程度上决定着企业的成长速度。

拥有什么样的核心资源可以保证所有商业行为的执行和落实是创业者需要思考的问题，如企业的价值主张需要什么样的核心资源，渠道通路需要什么样的核心资源，客户关系需要什么样的核心资源等。

（七）成本结构

成本结构体现了企业在运营一个商业模式过程中所投入的所有成本的组成和比例。创造和交付价值需要花钱，维持客户关系需要花钱，实现销售收入也需要花钱。因此，创业者需要考虑什么是本企业商业模式中最重要的固有成本，哪些核心资源、核心业务花费最多。确定关键业务、核心资源和重要伙伴之后，成本结构就大致明晰了。

（八）重要伙伴

重要伙伴是指企业为了保证商业模式的运作，在商业链路上找到的合作伙伴，体现了企业同其他企业之间为了互相有效提供价值而形成的合作关系网络。创业者需要考虑需要和哪些上下游的重要企业进行深度合作，谁是重要合作伙伴、重要供应商，企业需要从合作伙伴那里获取哪些核心资源等。

（九）客户关系

客户关系要素用来描绘企业与特定客户细分群体间建立的关系类型。客户关系决定了企业与客户互动的方式，也决定了企业引领客户进行消费的方式。创业者需要考虑什么方式或机制可以保障企业与客户之间长期的利益关系，如客户细分群体希望企业与之建立和保持何种关系，哪些关系已经建立了，这些关系成本如何，如何将其与商业模式的其余要素进行整合。客户关系有三个驱动因素：新客户开发、老客户维系和追加销售。

客户关系主要分为以下几个类型。

（1）私人服务。这种客户关系基于人与人之间的互动，如企业通过销售人员向客户介绍商品或服务的特点，或在售后阶段与客户进行交流并为其提供帮助。私人服务方式不限，可以通过呼叫中心、电子邮件、电话销售等多种手段进行。

（2）专属私人服务。专属私人服务由为单一客户安排的专门客户代表提供，如银行为高净值个人客户指派的私人客户经理。专属私人服务是层次最高、最亲密的客户关系类型，通常需要较长时间来建立。

（3）自助式服务。在自助式服务关系中，企业与客户之间并不存在直接接触，而是由企业为客户提供自助服务所需要的所有条件，如商场里的自助售卖机。

（4）自动化服务。这种客户关系类型整合了更加精细的自动化过程，以实现客户的自动化服务。自动化服务可以识别不同的客户及其特点，并提供与客户订单或交易相关的信息。如可以通过模拟个人助理服务，向客户推荐其感兴趣的图书或电影。

（5）社区式服务。现在越来越多的企业利用用户社区与客户或潜在客户建立更为深入的联系，如将客户变成粉丝，建立粉丝群，并促进客户之间的互动，推动客户产生持续的消费，形成新的社群客户关系。

（6）与客户协作共同创造。许多企业与客户之间的关系已经超越了传统的供应商与客户之间的关系，形成了企业推动客户参与商品的设计，与客户共同创造价值的体验式、生态式的客户关系。

拓展阅读：商超跨界餐饮探索新商业模式

三、商业模式的描述工具——商业画布

（一）概念

商业画布是一种用来描述、可视化、评估和改变商业模式的工具。商业画布不仅能够帮助创业者催生创意，提供更多灵活、多变的计划，而且有助于确保创业者找对目标用户，合理解决问题，更好地满足用户的需求。更重要的是，商业画布可以将商业模式中的要素标准化，并强调各要素间的相互作用。对应商业模式的九大要素，商业画布由九个方格组成，每一个方格中都有着多种可能性和替代方案（图2-1）。商业画布是开展头脑风暴的有效工具，能够提高商业模式讨论的效率与可执行性，并产生多套方案，从而增加创业者的选择。

重要伙伴	关键业务	价值主张	客户关系	客户细分
	核心资源		渠道通路	
成本结构			收入来源	

图2-1　商业画布

利用商业画布，可以对商业模式的完整性和一致性做出更直观的判断：确定商业模式的必备要素是否已经具备，判断商业模式的各个方面是否一致。通过分析商业画布，创业者可以对商业模式的各要素做到一目了然，有效了解目标用户（客户细分），确定他们的需求

(价值主张),想好如何接触到用户(渠道通路)、提供怎样的业务(关键业务)、如何盈利(收入来源)、凭借什么筹码盈利(核心资源)、投入和产出比是怎样的(成本结构),找到能够伸出援手的人(重要伙伴),以及如何维护客户关系(客户关系)。

可以看出,商业画布实际上是一个结构化的思考工具,有助于对商业模式进行系统化的、较为完整的思考,是非常好的商业模式设计工具。

(二)应用场景

商业画布主要拥有四种应用场景——规划新产品、迭代升级老产品、对标竞品、绘制销售作战地图。

1. 规划新产品

在企业设计出了一种新产品,或者新产品即将上市,甚至在创意形成之前,都可以运用商业画布规划新产品和商业模式,再系统性地推出新产品。

2. 迭代升级老产品

当市场反应度下降时,可以运用商业画布对老产品进行复盘,做出剖析和诊断,以便进行迭代升级。

3. 对标竞品

运用商业画布对竞品的商业模式做系统、完整的分析,有助于对标竞品,更好地对本企业的产品进行设计、规划与创新。

4. 绘制销售作战地图

拿到产品后,需要考虑准备确定谁为目标客户、提炼什么样的广告语、如何部署销售渠道、如何维系客户关系等。运用商业画布对上述问题进行考虑,可以比较完整地绘制出销售作战地图。

(三)制作原则

1. 搜集资料尽量详尽

在制定自己的商业模式的时候,搜集资料是必不可少的一个环节。搜集资料应尽量详尽。因为一些看似很微小的信息中也可能隐藏着巨大的商业机会。

2. 不被固有的观念和逻辑框住

在互联网时代,很多企业之所以发展迅猛,就是因为创造出了不同以往的商业模式。这些创新的商业模式就是在打破惯性思维的枷锁和束缚,抛开以往固有的观念和逻辑之后创造出来的。

3. 不轻易否定

不要轻易否定任何一个创新的概念和想法,可利用最小试错原理,用最小的成本探索其可行性。尤其是在企业初创期,企业规模小且灵活,此时是运用这个方法的最好时期。很多商业模式不是画出来的,是试出来的。只有真正付诸实践,才能知道其在现实中是否可行,所以不要轻易否定和放弃看似不乐观的创意,实践才是检验真理的唯一标准。

四、商业模式的六大样式

商业模式有六种样式:低成本商业模式、诱钓式商业模式、长尾式商业模式、多边平台式商业模式、非绑定式商业模式、免费式商业模式。

（一）低成本商业模式

低成本商业模式是让客户有机会以更低的价格购买相同的产品，以满足现有客户和新客户需求的模式。提供有限的产品而不降低产品质量是许多低成本商业模式的关键支柱。

案例 2.1

麦当劳的商业模式创新

20 世纪 40 年代，理查德·麦当劳和莫里斯·麦当劳对餐厅进行了一次革命性的重新设计——不再使用印刷菜单，仅为顾客提供一组食品选择；不再提供刀叉，顾客可以直接用手取食；没有服务员，顾客直接在柜台点单，而柜台是厨房与用餐区域之间的界线……餐厅虽然缩小了产品范围，但保证了食品质量，并将部分过去由服务员完成的工作交由顾客完成，从而节约了成本，开启了全新的商业模式。

低成本商业模式的四个黄金法则：

(1) 低成本不等于低利润，采取低成本商业模式同样可以获取高额利润；

(2) 低成本不等于低质量，在通常情况下，低成本商业模式仅仅缩小了产品范围；

(3) 低成本不等于廉价模仿，低成本商业模式也可以有真正的创新；

(4) 低成本不等于无品牌，低成本商业模式通常会得到强大品牌的有力支持。

（二）诱钓式商业模式

诱钓式商业模式是通过廉价的、有吸引力的，甚至是免费的初始产品或服务来促进客户对后续相关产品或服务的重复购买，即使用最初产品或服务来引诱客户，而从后续销售中赚取收入的模式。如吉列在向市场推出第一款可替换刀片剃须刀时，就以极低的折扣价来销售刀架，以此创造对一次性刀片的需求，同时通过专利限制，保证竞争对手无法为吉列刀架提供更便宜的刀片。因此，该模式又称"剃刀刀片模式"。

（三）长尾式商业模式

与通过销售少数明星产品来获取绝大部分收益的传统模式不同，长尾式商业模式指企业专注于提供大量小众产品，每种产品的销售量相对较少，但是通过少量多种地销售产品，让所得收入和传统模式一样可观的模式。采用长尾式商业模式需要满足两个条件：产品库存成本低；拥有可以保证小众产品能够及时被感兴趣的客户看到的强大平台。

案例 2.2

乐高的商业模式

乐高较典型地运用了长尾式商业模式。乐高推出了"乐高工厂"，通过让客户在专门的设计软件上自己设计、组装、搭配乐高套件，甚至设计玩具套件的包装盒，并在线订购，将客户变成了主动设计者。同时，"乐高工厂"还在线销售由客户设计的玩具套件，这也扩展了乐高的产品线。虽然该业务收入目前仅占乐高总收入的一小部分，但由客户自己定制玩具套件是乐高采用长尾式商业模式的第一步，并逐步形成一个连接了生产商（乐高）、设计者（玩具设计师和部分客户）和客户三方的平台，通过平台主体之间的网络效应实现了价值增值。

（四）多边平台式商业模式

多边平台式商业模式是将两个或者多个有明显区别但相互依存的客户细分群体连接在一起，在他们之间搭建一个中介运营平台，通过促进不同客户群体之间的互动来创造价值，并获得收入的模式。这样的平台对于其中某一客户细分群体的价值在于平台中其他客户细分群体的存在。多边平台的价值提升依赖它所吸引的用户数量的增加，这种现象被称为网络效应。如何激发网络效应、增加入驻平台的用户数量是多边平台式商业模式运行的关键。谷歌和百度的商业模式就属于此种样式。这两家企业的关键业务都是搜索平台，并通过用户搜索的关键词将搜索用户与广告商连在一起，从广告商处赚取利润。这两家企业的商业模式都属于三边平台式商业模式，三边即内容提供者、内容搜索者和广告商。

（五）非绑定式商业模式

企业的基本业务类型可以分为三种：产品创新、客户关系管理、基础设施管理（表 2-1）。很多大型企业可以同时拥有上述两种或三种基本业务，这类专注于两种或三种基本业务的商业模式被称为绑定式商业模式，而只专注于其中一种基本业务的模式就是非绑定式商业模式。尤其对于初创企业和小企业来说，如果同时专注于这三种不同的业务，可能会因为资源配置不当而失去平衡。因此，初创企业和小企业可以采用非绑定式商业模式。

表 2-1　三种基本业务类型

项　目	产品创新	客户关系管理	基础设施管理
经济驱动因素	更早地进入市场，确保可以制定溢价价格，并获取巨大的市场份额；速度是关键	获取客户的高昂成本决定了必须获取较大的客户份额，范围经济是关键	高昂的固定成本决定了通过大规模生产实现单位成本降低的必要性；规模是关键
竞争驱动因素	针对人才而竞争；进入门槛低；有许多小企业繁荣兴旺	针对范围而竞争；快速巩固；寡头占领市场	针对规模而竞争；快速巩固；寡头占领市场
文化驱动因素	以员工为中心；鼓励创新	高度面向服务；客户至上心态	关注成本；有统一标准；注重可预测性和有效性

通过表 2-1 可见，每种不同的业务类型都包含三个不同的驱动因素：经济驱动因素、竞争驱动因素及文化驱动因素。与此相应，产品领先、亲近客户和卓越运营应该是企业的三个价值信条。

（六）免费式商业模式

免费式商业模式指至少向一个庞大的客户细分群体提供持续的免费服务，并据此吸引付费用户，通过付费用户补贴免费用户的商业模式。需要注意的是，免费式商业模式可以让企业成功，也可以让企业失败。因此，要正确地看待免费式商业模式。没有正确的免费流程，没有思考成本和运营等，最终会导致失败。

案例2.3

火锅店的失败免费商业模式

　　一家新开的火锅店为了招揽顾客,推出了花500元办理会员卡,可在店里免费吃一个月的营销活动。此活动一经推出,顾客蜂拥而至。虽然火锅店规定会员权益仅限本人使用,但由于没有人脸识别系统及管理、运营人员缺失,出现了"一卡多人用""一天吃几顿"的情况,甚至出现了一大早火锅店门口就排起了长队的现象。为了解决高峰期前来就餐的顾客排队太久的情况,火锅店老板以赠送礼品的方式安抚顾客,增加了不小的经济负担。这项活动进行到第11天,火锅店共进账20万元,却负债50多万元,不得不宣布被"吃垮"。

　　免费式商业模式的应用原则如下。

　　1. 要有收费项目作为支撑

　　免费式商业模式需要有隐性的利润空间,通过暂时牺牲眼前的利益,赚取后期更大的利润。例如各大视频网站通过让用户免费观看视频,赚取广告费和会员费。

　　2. 产品的免费成本要低

　　如果免费成本较高,会给企业带来经济压力。如智能硬件产品的研发和运营成本较高,一旦采用免费式商业模式,企业将难以维系。而一些App的成本基本固定,随着使用的人数增加,边际成本会降低,所以可以采用免费式商业模式,获取增值价值。

　　3. 将选择权交给客户

　　这就意味着要将产品进行分层,低端产品可免费,高端产品需要付费。通过形成以不赚钱的低端产品将客户引进门,到中端产品开始走量,再到以高端产品获得高利润的金字塔结构,企业的商业模式会逐渐丰满。而购买低端产品的客户,由于已经习惯使用企业的产品,随着消费水平的提升,普遍会选择继续使用该品牌的中高端产品。

　　4. 要基于好的产品

　　一定要通过好的产品将企业与客户联结在一起。提供植根于坚实的客户基础之上的产品,才是能够持久地获取客户的必由之路。

五、商业模式的设计步骤

　　商业模式设计又被称为商业模式构建,是创业者通过综合设计商业模式的结构要素,建立新的商业模式的过程。在这个模式制胜的时代,创业者该如何设计商业模式呢?

　　(一) 发现、验证机会

　　对于企业来说,其价值主张需要通过市场与客户得以呈现,因此,客户的需求是商业模式设计中需要率先考虑的因素。企业必须先明确为哪部分客户服务,锁定一个相对狭窄的市场,进行市场调研和客户消费心理研究,进而寻找自身产品在市场中的定位,把有限的资源用在刀刃上。要考虑企业可以为客户提供哪些独到的价值,如强化了哪些要素(考虑更好的解决方案)、弱化了哪些要素(考虑弱化客户不在意的要素)、创新了哪些要素,并就初步的产品创新设想进行市场调研,深入挖掘未被满足的市场需求,并以差异化产品来满足这类市场需求。

（二）系统思考

在确定企业的业务范围后，创业者应清晰地描述出企业与客户、供应商及其他合作伙伴之间的关系。要在分析企业面对的竞争状况的同时，系统地整合各种外部资源，深入思考如何满足价值链上的各个利益相关者的需求，应创造何种价值，如何使利益相关者获益。

（三）形成产品概念

好的产品概念能够凸显产品的价值定位，引发客户的兴趣和共鸣。要加强与客户的沟通，了解客户对其的反馈。产品概念不限于语言、文字，也可以通过看得见、摸得着的实物样品、电子模拟样品等予以展现，让目标客户更加直观地理解产品的价值和作用。可以使用FAB分析法：F（feature）指产品的特点和属性；A（advantage）指与同类产品相比，该产品的比较优势；B（benefit）指该产品可以为目标客户创造什么样的利益和价值。使用FAB分析法提炼出产品的"卖点"，有助于形成打动人心的产品概念。

（四）进行产品定义

一个完整的产品定义应当具备三个层面：核心层、外围层和外延层。核心层包括产品的性能、指标等，是一个产品发挥作用的关键因素。外围层主要包括售后服务等产品的增值服务。外延层指客户的体验与感觉。只有设计出完整，且与同类产品相比具有差异化优势的产品定义，才能给目标客户留下良好印象。对于初创企业来说，商业模式应具有自己独特的、不易被模仿的特性，如专利技术、差异化品牌、独特的营销网络。完整的产品定义包括产品的价值定位和为产品设计的统一说辞，能有效提升销售的成功率。

产品定义要考虑到产品定价，因为产品定价背后是产品的定位。产品定价分为优质优价、优质同价、同质低价、低质低价四种，企业应根据目标客户的层次与需求制定合适的产品价格。此外，产品通过何种渠道进入市场，也是在产品定义阶段需要考虑的问题，可以使用关系图明确渠道之间的关系。

（五）财务分析

商业模式应当将一个企业的成本、收入结构、利润目标及投资回报方式等清晰地表达出来。针对一个产品，应根据不同的销售渠道和地域制订精密的销售计划，并根据销售指标确定未来一年的人、财、物等资源的分配计划。落实了人、财、物等固定成本，剩下的就是运营费等变动成本。为了激励员工，可采用利益驱动法。当销售指标、固定成本和变动成本的预算得以确定，企业的财务分析就形成了。

（六）组织设计

企业的组织设计是指将企业内各要素进行合理组合，建立一种特定组织结构的过程。组织设计是有效管理的必备手段之一，是实现企业目标的组织保障。完善的组织机构可以帮助企业适应所处环境的变化，实现企业的战略目标，增强企业的对外竞争力，同时有助于企业内部的产品开发、人员素质提升和经营效率的提高。

可以通过借鉴成功的商业模式，对成功的商业模式加以改进和创新，或根据市场调研结果及创新性产品，用全新的思维去颠覆目前市场中的游戏规则，发明全新的商业模式。企业要因地制宜、结合实际，选择适合自己的商业模式。

六、商业模式创新方式

商业模式创新就是把新的商业模式引入社会的生产体系,并为客户和自身创造价值。通俗地说,商业模式创新就是指企业以新的有效方式赚钱,是对企业基本经营方式的变革。新引入的商业模式可能在构成要素方面不同于已有的商业模式,也可能在要素间关系或者动力机制方面不同于已有的商业模式。商业模式创新本质上是一种基于信息不对称的机会主义行为。推动商业模式创新的因素可分为外因和内因,外因是指市场中存在尚未被发现的市场机会,内因是指企业知识或能力要素的积累。商业模式创新是当今企业获得核心竞争力的关键,贯穿于企业经营全过程中。

商业模式创新方式可分为以下几种。

（一）改变收入模式

改变收入模式就是改变一个企业的用户价值定义和相应收入模型。这就需要从确定用户的新需求入手。这并非市场营销范畴中的寻找用户新需求,而是在更宏观的层面重新定义用户需求,即去深刻理解用户购买企业的产品需要完成的任务或要实现的目标是什么。其实,用户要完成一项任务需要的不仅是产品,而是解决方案。一旦确认了这一解决方案,也就确定了新的用户价值定义,可据此进行商业模式创新,改变企业的收入模式。

> **案例 2.4**
>
> ### 游戏中的"奖励式广告"
>
> 对于游戏玩家来说,不合时宜弹出的广告只会让人感到厌恶,很难吸引玩家点击。游戏开发者想要玩家真正接受这些广告,就必须采取征得玩家同意的方式,如"免费获得奖励"模式。由于免费游戏一般通过广告来挣钱,通过一些奖励机制来诱导玩家点击广告往往会收到不错的效果。因此,一些游戏开发者将"奖励式广告"嵌入游戏,作为可供玩家选择以获得奖励的一种选项,玩家免费得到的游戏货币则由广告主买单。

（二）改变企业模式

改变企业模式就是改变企业在产业链中的位置和充当的角色,如"制造者"和"购买者"的角色。一般而言,企业模式的变化是通过内外部资源整合的方式,或出售、外包等方式实现的。

企业模式的转型秘诀包括:第一是对于未来趋势做出正确判断;第二是在正确判断的基础上下决心转型;第三是根据客户长期需求,制定对企业长期有利的转型方向与目标;第四是坚决果断地投资和执行转型;第五是尽快度过转型期,以最快的速度建立起新业务并开始盈利,同时不减少对传统业务的投入;第六是以组织和文化的转型配合产品与业务模式的转型;第七是保持透明和持续沟通。

（三）改变技术模式

正如产品或服务创新是商业模式创新的最主要驱动力,技术变革也是如此。企业可以通过引进、研发新技术主导自身的商业模式创新,利用新的科技手段、创意营销与资本的结合开发潜在需求,创造新的技术模式,实现科技与市场、创意与经济的对接。

当前,给商业模式变革造成最大冲击的当属云计算、物联网、大数据和人工智能四种技术,以"人机交互,自助交易"为特征的智能化商业时代已启幕。同时,随着老龄化时代人力成本持续走高,各个产业都将从人工操作向自动化、柔性化转变,提供"标准化智能服务"将是不可逆转的行业趋势。而大数据对个体需求的分析,将推动建立"千人千面"的个性化服务体系,使智能商业迈入"标准商品+非标服务"相结合的时代。可以说,这四种技术直接提升了企业提供价值的效率,改变了原有的技术模式,驱动了新的社会关系变革。

（四）改变产业模式

改变产业模式是最激进的一种商业模式创新方式,指创业者重新定义本产业,或进入、创造一个新产业。企业需要重新整合资源,进入新领域并创造新产业。

（五）改变分销渠道

在产品、价格乃至广告同质化趋势加剧的今天,单凭产品或服务的独立优势赢得竞争已非常困难。整合营销传播理论创始人舒尔茨指出:在产品同质化的背景下,唯有"渠道"和"传播"能产生差异化的竞争优势。如果创业者能够通过创新改变营销方式和策略,便能为企业带来更强的盈利能力和竞争优势。分销渠道的改变难以被竞争对手模仿,这常常会给初创企业带来较大的竞争优势,而且这种优势通常可以持续一段时间。

七、商业模式创新的关键点

随着市场竞争的加剧,商业模式的重要性日益提升,甚至卓越的技术能力和产品质量也不再能保证企业持续盈利,商业实践进入一种更加复杂的状态,正如德鲁克所说,"当今企业之间的竞争,不再是简单的产品竞争,而是商业模式的竞争"。商业模式创新的三个关键点如下。

（一）价值创新与创造

价值创新与创造是商业模式创新的出发点。企业可以凭借自身资源禀赋,整合外部资源,针对目标客户的需求和困扰,设计出有效解决方案(产品或服务)。因此,创业者应该关注自己所提供的产品或服务与目标客户的需求和"痛点"之间的匹配度,保证自己所提供的价值主张正是目标客户所需要的。

（二）资源审视与整合

创业者还需要考虑企业的资源和能力对价值主张的支撑性,即企业所具备的资源与能力是否足够支撑其价值主张。创业者不能只沉醉于自己所设计的价值主张的"精妙"和"有效"中,却对资源、能力的支撑性视而不见。随着商业实践进入价值共创时代,许多企业越来越重视自身商业模式的开放性,纷纷设计相应的机制,构建价值网,有效整合企业内外部资源,共同为客户提供有效解决方案。

（三）价值分配方案设计

商业价值往往需要多个利益相关者一起创造,主导企业应该设计有效的价值分配方案,体现"参与约束"和"激励相容"的原则,让各利益相关者都能够从所设计的商业模式中得到好处。这样才能"众人拾柴火焰高"。

八、商业模式创新的特点

1. "客户价值最大化"是商业模式创新的追求目标

商业模式创新的出发点从根本上而言是为客户创造价值,因此,其逻辑思考的起点是客户的需求,根据客户需求寻找有效的满足方式。商业模式创新更注重从客户的角度,从根本上思考、设计企业的行为,视角更为外向和开放。

2. 商业模式创新具有系统性和根本性,而非单一要素的变化

商业模式创新常常涉及商业模式多个要素同时发生的较大变化,需要企业进行较大的战略调整,是一种集成式创新。因此,它也更难以被竞争对手模仿,常给企业带来战略性的竞争优势。

创新创业是我国未来数十年经济社会发展的主旋律之一,商业模式创新是其高端形态,也是改变产业竞争格局的重要力量。在一些地区,商业模式创新企业已可享受和高科技企业同等的优惠政策。然而,任何一种商业模式都一定要付诸实施才能实现其价值。一个好的商业模式可能会因为执行不当而失败;一个一般的商业模式也可能在有力的管理下取得成功。借助商业画布这个有助于高效思考的框架,创业者可以得到新的商业认知。

总结案例

佐餐调出"红海"中的"蓝海"

佐餐食品以前的销路只有两种——卖给餐厅,卖给个人。即便是新研发的佐餐食品,也很难摆脱这一命运。作为外卖新零售领军品牌,以"让外卖更好吃"为使命的佐大狮开创了佐餐的创新模式——以佐餐食品赋能外卖小店,凭借产品设计能力、配方研发能力、品质保障能力,稳定地为商家供应高价值感的佐餐食品,把商家原本的成本项(家庭手工作坊式的佐餐小菜)变成商家的利润项。商家可将招牌餐品与佐餐食品自由组合,既满足消费者省钱的心理,又潜移默化地提高了客单价。同时,预包装的佐餐产品提高了商家出餐速度,节省人力,优化了餐厅的出餐动线。

在激烈的竞争环境中,商业模式创新的价值体现得尤为明显。当产品及工艺创新极易被模仿、竞争者的战略都非常集中并且很难找到可持续的优势时,商业模式创新可以帮企业远离这种激烈竞争。佐大狮通过切入细分外卖场景,在供应链生产方面,依靠"大数据选品＋美食家控质"的方法,将佐餐食品规模化、标准化量产,在产品和外卖渠道模式上集聚先发优势,已形成一定的品牌规模效应。商业模式创新是经济社会发展的高端表现之一,也是改变产业竞争格局的重要力量,是企业成长的动力和源泉。企业只有不断创新,才能在瞬息万变的商业环境中立于不败之地。

实 训 实 践 2.1

绘制商业画布

1. 绘制并分析自己创业项目的商业画布(表 2-2)。

表 2-2　我的商业画布

重要伙伴	关键业务	价值主张	客户关系	客户细分
	核心资源		渠道通路	
成本结构		收入来源		

2. 在绘制商业画布的同时,重点思考下列问题。

(1) 你的项目的目标客户是谁? 如何进行客户细分?

(2) 你的价值主张是什么?

(3) 你的项目的关键业务具体有哪些?

(4) 建立这个商业模式需要具备哪些核心资源? 如何获取?

(5) 你有哪些重要伙伴? 他们之间是如何实现价值交换的?

(6) 你的收入来源是什么? 可以通过什么方法扩大收入?

(7) 你的项目的成本有哪些? 可通过什么方法优化成本结构?

任务二　撰写创业计划书

学习目标

1. 了解撰写创业计划书的目的和创业计划书的构成要素。

2. 能梳理创业计划书的写作框架与大纲,掌握其撰写要点及注意事项。

3. 理解撰写创业计划书的重要性,养成撰写创业计划书的习惯。

课前活动

时间:20 分钟。

场地:教室。

道具:无。

活动步骤:

1. 全班同学分成几个小组,讨论以下观点是否正确,并说说自己的理由。

王飞说:"我家开了一家早餐店,用不着撰写创业计划书,生意也很红火。由此看来,创业并不是必须写创业计划书的。再说,我计划将来在低投入行业创业,不需要别人投资,写创业计划书完全是形式主义。创业需要的是实干,写创业计划书是在浪费我的时间。"

2. 各小组分别派一名代表,说说本组的讨论结果。

导入案例

创业计划书的重要性

小王和小张都毕业于艺术设计专业,两人都热衷于婚庆服务。两人在家人与朋友的支持下共同投资 10 万元,开了一家婚庆公司。不久,他们做成了第一场婚礼庆典,当时内心非常兴奋,但是办完整个婚礼后,发现虽然收了 3 万多元,但扣除各种费用,最后还是赔钱。他们俩很苦恼,发现现实与想象的差距太大。经历失败后,他俩静下心来,对市场进行了深入的调查与探究,对店铺选址、价格等进行了比较,并对市场需要、投资收益、财务盈利指标、风险评估进行了详细的分析,详细拟定了一份创业计划书。理清思路之后,他们重新投入创业,陆续为 30 多对新人操办了婚礼庆典,都很成功,公司的财务状况也大有改善。

一、创业计划书的定义

创业计划书是一份全方位的商业计划,它被用以描述与拟创办企业相关的内外部环境和要素,为业务的发展提供指示图和衡量标准。通常,创业计划书是市场营销、财务、生产、人力资源等方面计划的综合。创业计划书应基于具体的产品、服务,着眼于特定的市场、竞争、营销、运作、管理、财务等策略,描述团队的创业机会,阐述可得到和可利用的资源。

拓展阅读:创业计划书的功能

撰写一份完整的创业计划书需要注意以下事项。

(1) 撰写一份成功的创业计划书需要有翔实的资料、可靠的数据,营销策略要具有创意性与可行性,能够满足市场需求,并附有客观的风险评估与测评。创业计划书的计划摘要部分要简洁明晰,让投资人能够在较短时间内迅速了解整个创业计划书的灵魂所在。

(2) 一份成熟的创业计划书能够描述企业的成长经历,展现出企业未来的成长方向

和企业愿景。如果针对的不是初创企业，其还要对企业以往的情况做出客观的描述，正视不足，量化企业的潜在盈利能力。这些都需要创业者有通盘的考虑，对存在的问题进行全面的衡量与思考，对可能存在的风险隐患做好预案，并做好融资计划。

（3）创业计划书的语言要客观，不可带有广告性，不做主观描述。

（4）创业计划书的脉络要清晰明了、重点突出，对突出问题进行明确的阐述，能够使投资人在较短时间内了解整个创业思路与过程。

（5）创业计划书的格式要严谨统一，主题鲜明，层次分明。

二、撰写创业计划书的步骤

（一）封面

封面是对创业者和企业信息的简要概括与总结，包括企业名称和地址、创业者的姓名和通信地址、企业的性质、企业的经营范围等。

（二）目录

创业计划书的目录可使读者快速了解创业计划书的整体框架。各部分标题都要清晰，并且与正文保持一致。

（三）摘要

如果说创业项目是一本书，摘要就是这本书的封面，可以有效吸引投资人。摘要是对整个创业计划书的简洁概括，一般不超过 2 页。它涵盖创业计划书的要点，以求一目了然，以便读者在最短的时间内了解创业计划书的核心内容。摘要需包含以下内容：项目概况；对企业的介绍，主要包括企业名称、企业创办思路、企业的市场前景与竞争力；企业的长期发展目标和今后的发展趋势；企业的目标市场；企业的财务状况；企业的融资计划；企业的风险评估。

（四）企业介绍

阐述创办企业的愿景、创业理念及创业的具体情况，详细介绍企业基本经营状况，包括组织形式、投资资金、企业注册情况、经营状况，以及主要股东及其股份比例。这部分还需对创业者的个人素养进行详细的介绍，只有创业者具备较强的能力，才能支撑整个创业过程顺利开展，还需要重点阐述创业者的经营理念、创业项目所属的行业范围、具体经营的产品或者提供的服务。

（五）产品介绍

在进行投资项目评估时，投资人最关心的问题之一就是企业的产品能否及能在多大程度上解决现实生活中的问题，企业的产品能否帮助客户节约开支、增加收入。因此，产品介绍是创业计划书中必不可少的一项内容。通常，产品介绍应包括以下内容：产品的概念、性能及特性；主要产品介绍；产品的市场竞争力；产品的研究和开发过程；发展新产品的计划和成本分析；产品的市场前景预测；产品的品牌和专利。在产品介绍部分，要对产品做出详细的说明，说明要准确，也要通俗易懂，让即使不是专业人员的投资人也能明白。一般情况下，产品介绍要附上产品原型、照片或其他介绍。

（六）市场营销

市场营销在整个创业计划书中显得尤为重要。首先介绍企业的市场营销策略及价格策

略、目标客户群有哪些、目标市场份额所占的比例,以及产品的销售额、竞争的主要优势、如何承受竞争所带来的压力。在介绍市场营销策略时,需要说明营销机构与营销队伍、营销渠道的选择和营销网络的建设,以及广告策略和促销策略、价格策略等方面的内容,并且需要阐明市场影响下意外情况的应急对策。要制定有针对性、适合的市场营销 4P 组合,即产品(product)、价格(price)、渠道(place)、促销(promotion)的组合。

（七）管理团队

首先需要对企业的管理机构、主要管理人员、主要股东与董事进行具体说明;其次,对企业的组织机构、各个部门的主要职责及股东名单进行详细说明;最后要对各部门的人员配置情况进行具体的说明,主要包括企业的构成图及各个部门的构成情况。在介绍管理团队时,要把管理团队的战斗力与凝聚力展现出来。

（八）财务分析

财务计划包括资产负债预估表、利润预估表、现金流量表,以及盈亏平衡分析、资金的来源和运用等方面的内容。财务指标分析包括对预计营业额和预计盈利的分析,以及对盈利能力指标中的销售利税率、成本费用利润率、销售净利率进行的详细分析。流动资金是企业的生命线,因此企业在初创或扩大时,对流动资金需要预先有周详的计划,进行过程中的严格控制。利润表反映的是企业的盈利状况,是企业在一段时间后的经营结果。资产负债表则反映企业在某一时刻的状况,投资人可以用资产负债表中的数据来衡量企业的经营状况及可能的投资回报率。发展能力指标包括营业增长率、资本积累率、总资产增长率。

（九）融资计划

在写融资计划时,要全面、客观地对创业过程进行评估,写明项目的回报、项目的风险、市场拓展等,在为投资人提供有效信息的同时,为今后的项目发展提供帮助。在融资计划部分,要对创业团队及其管理模式进行展示,让投资人能够全面地了解创业企业的构成,能够对创业者的领导和组织能力,以及应该具备的职业素质进行客观的评估。针对自身项目特点和企业优势,研究和制定出具有企业特色的融资计划,可以直观地展示企业的经营状况。在进行融资之前,要对创业项目的产品和技术进行研发,保证产品、技术和理念的真实性与创意性,展示创业团队较强的素养与能力,提高企业项目的可信度,促进融资的顺利实现。

（十）附录

附录部分包括附件和附表。附录是对正文中涉及的相关数据、资料的必要补充。

拓展阅读:全国"挑战杯"获奖计划书

总结案例

返乡创业,科技助农

石义泰是宁夏大学旅游管理专业毕业生。他毕业后选择回乡创业,从事无人机应用服务工作。

石义泰与无人机结缘源自一次偶然的机会。在校期间,他和同学们一起去中卫市中关村的中卫航空科技有限公司(简称中卫航空)参观学习,当时的情景让他大开眼界,各种型号的无人机让他眼花缭乱——这是他第一次见识无人机。从那次参观后开始,他就抽出空闲时间向中卫航空的专业人员学习无人机组装、调试、飞行。两年时间里,参观学习的同学换了一波又一波,只有他始终如一、坚持不懈。寒假期间,石义泰还带领团队组织青少年无人机培训。这样一个完整的学习过程奠定了他无人机创业的基础。

大学期间,石义泰顺利考取了无人机机长证、航测证等无人机专业证书。尚未毕业时,他已与团队成员一起成立了宁夏越泰农业科技有限公司和越泰农民合作社,并取得了民航局颁发的民用无人驾驶航空经营许可证。

对于无人机应用服务创业项目,石义泰在校期间进行了认真的市场调查,并在教师的指导下完成了创业计划书的撰写,对项目市场、营销计划、商业模式、项目团队、财务规划、风险与控制等方面进行了详细规划。

该项目以宁夏越泰农业科技有限公司和越泰农民专业合作社为依托,以实现无人机植保和农户信息交互平台建设为主要目标,在致力于飞防工作的同时,打造一个农业信息实时互联平台,实现农户与服务方之间的信息流通,带动并培养青年们加入无人机植保行业,扩大就业渠道,以此"助飞"西北科技兴农梦,推动乡村振兴战略实施,助力农业农村现代化建设。石义泰的团队曾荣获首届西北四省大学生就业创业大赛宁夏赛区二等奖、第七届"互联网+"大赛红色之旅赛道银奖、第四届"中国创翼"中卫市创业创新大赛主体赛二等奖、宁夏大学"挑战杯"三等奖等。

实训实践 2.2

拟定创业计划书

请按照以下步骤拟定一份完整的创业计划书,通过拟定创业计划书,真切体验创业的整个过程,增强创业的能力,培养成为成功创业者的素质。

一、封面

拟定创业计划书,首先要填写创业计划书封面,展示企业的基本信息。

创业计划书

企业名称:＿＿＿＿＿＿＿＿＿＿＿＿＿＿＿＿＿＿＿＿＿＿

通信地址:＿＿＿＿＿＿＿＿＿＿＿＿＿＿＿＿＿＿＿＿＿＿

联系人姓名:＿＿＿＿＿＿＿＿＿＿＿＿＿＿＿＿＿＿＿＿

联系电话:＿＿＿＿＿＿＿＿＿＿＿＿＿＿＿＿＿＿＿＿＿＿

电子邮箱:＿＿＿＿＿＿＿＿＿＿＿＿＿＿＿＿＿＿＿＿＿＿

二、目录

（空白框）

三、摘要

写明企业的基本信息、概况（表2-3），让投资人一目了然，迅速了解整个创业计划书的精华所在，有兴趣投资给本企业。

表2-3　摘要

项目概况：	企业介绍（企业名称、创办思路、市场前景、竞争力）：
长期发展目标和发展趋势：	目标市场：
财务状况：	融资计划：
风险评估：	

四、企业介绍

详细说明企业的基本情况及创业者的成长经历，让投资人对本企业的未来充满信心（表2-4）。

表2-4　企业介绍

企业的创办理念与具体情况：	企业基本经营状况（组织形式、投资资金、注册情况）：
主要股东及其股份比例：	创业者的个人情况及素养：

五、产品介绍(表 2 - 5)

表 2 - 5 产品介绍

产品的概念:	产品的性能、特性:
主要产品介绍:	产品的市场竞争力:
产品的研究开发过程:	发展新产品的计划和成本分析:
产品的市场前景预测:	品牌和专利:

六、市场营销

市场营销是创业计划书中的重要部分,需要围绕市场营销 4P 组合进行具体的阐述(图 2 - 2)。

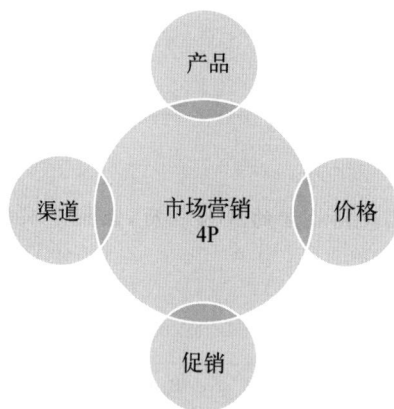

图 2 - 2 市场营销 4P 的内容

七、管理团队

企业的管理团队要能彰显企业的活力,需要展示战斗力、独特性、凝聚力与创新能力(表 2 - 6)。

表 2-6 管理团队

企业的管理机构:	主要管理人员:
主要股东与董事:	企业的组织机构:
各部门的主要职责:	各部门的人员配置:

八、财务分析

在写财务分析时,要清晰地展示资产负债预估表、利润预估表、现金流量表,以及盈亏平衡分析、资金的来源和运用等方面的内容。

九、融资计划

在撰写融资计划时,要全面、详细、客观地对创业过程进行评估,写明项目的回报、项目的风险、市场拓展计划等(表 2-7)。

表 2-7 融资计划

项目的回报:	项目的风险:
市场拓展计划:	

十、附录

有其他重要材料、证书、数据需要展示的,可将其放在附录里。制作完附录,就完成了拟定个人创业计划书的整个过程。

项目三

进行创业准备与创立企业

学习目标

1. 了解预测创业资金需求的方法、进行创业融资的主要渠道及其利弊。
2. 能运用合理的方法进行创业资金需求预测。
3. 认识到进行创业融资的重要性。

课前活动

时间：10分钟。

场地：教室。

道具：大白纸、白板笔。

活动步骤：

1. 全班同学分成几个小组进行讨论,创业时是选择成立一家企业还是选择成为个体工商户,并简单说明理由。
2. 把选择的理由写在大白纸上,进行展示。
3. 每个小组派出一名同学阐述。教师对各组表现进行点评。

导入案例

喜茶的发展及融资

2012年,年仅21岁的聂云宸带着之前攒下的20万元启程,踏上了在奶茶行业的创业之路。他在广东省江门市九中街开了第一家面积为20平方米的皇茶奶茶店。

短短几年,皇茶的经营取得了良好的成绩。2015年,皇茶在整个珠三角地区开了50家门店。为了避免"山寨",聂云宸在2016年初花70万元买下了"喜茶"商标,实现了从皇茶到喜茶的硬切换。喜茶也延续了排长队的高人气场面,成为茶饮界的现象级品牌,这长盛不衰的高人气吸引了一众投资人的注意。

2016年8月,喜茶融资一亿元的消息正式对外公布,话题迅速在餐饮圈引爆。茶饮行业的融资案例极其稀少,而融资过亿元的更是绝无仅有。资本加速了喜茶从产品到品牌的进化脚步,门店扩张也驶入了发展快车道。喜茶的第二轮融资发生在2018年,美团旗下产业基金龙珠资本和黑蚁资本共投了4亿元。2019年,喜茶完成新一轮融资,由重量级资本腾讯、红杉领投,估值达 90 亿元。2020 年,喜茶又完成了新一轮融资,由高瓴资本和 Coatue(蔻图资本)联合领投。2021 年 7 月,喜茶完成新一轮 5 亿美元融资,估值达到 600 亿元,刷新了中国新茶饮的融资估值纪录。喜茶的 2023 年度报告显示,截至 2023 年底,喜茶门店数已突破 3 200 家,其中事业合伙门店超 2 300 家。2024 年 6 月,喜茶在其小红书官方账号上发布消息称,喜茶全球门店数量已突破 4 000 家。

很多创业者在创业初期和经营过程中都可能会面临融资问题。而对于大学生而言,资金问题更是创业中要考虑的重要因素。一方面,大学生并无个人积蓄,难以支撑一个企业的运作;另一方面,大学生久处校园,缺乏社会经验,在面临筹集资金等现实问题时,往往显得束手无策。我们在创业时如何进行资金规划? 当资金出现缺口时,可以通过哪些渠道进行融资? 在融资过程中该注意哪些问题?

一、创业资金需求预测

在正式创业经营前,必须做好充分的准备。其中,做好资金的筹措是必不可少的一环。筹措多少资金才能保证创业正常开展,这就涉及对创业资金需求的预测,包括预测启动资金、制订利润计划。

(一)预测启动资金

1. 启动资金的类型

一般来说,每个创业经营循环都要完成从供到产、从产到销三个环节的工作,而每个环节都需要人力、财力、物力的支持,建立这些环节需要支付的总费用就叫启动资金。总的来说,启动资金可以归为三类。

(1)固定资产:为企业购买的价值较高、使用寿命长的东西。

(2)开办费用:企业在筹建期间所产生的各种费用。

(3)流动资金:企业日常运转所需要支出的资金,也称营运资金。

例如开办一家服装厂,那么启动资金要分成三部分:固定资产——厂房、机器设备、货车等;开办费用——广告费、布料费、辅料费、招聘费等;流动资金——日常运转所需资金。

2. 固定资产预测

在开办企业之前,有必要预测企业到底需要多少固定资产。固定资产一般可以分为两类:一是企业用地和建筑,二是设备设施。

(1)企业用地和建筑。办企业需要有适用的场地和建筑,要么自己建,要么买,要么租。初创企业资金量有限,租房是个不错的选择,比建房或买房所需的资金少,而且更灵活,当我们需要改变企业地点时,会容易得多。

除了租房,对于大学生而言,创业之初,在家开业也是起步的好办法,等创业项目稳定了,积累了一定的资本,再租房或买房也不晚。

(2)设备设施。设备设施是指创办企业需要的机器、工具、工作设施、车辆、办公家具等。一些企业需要在设备上大量投资,了解清楚需要什么设备,以及选择正确的设备类型就显得非常重要。

3. 开办费用预测

在企业筹建时,除了固定资产的投入,开办费用也是一笔不小的投入。开办费用是在企业筹建期间产生的费用,包括筹建期市场调查费、培训费、资料费等。筹建期是指企业被批准筹建之日起至开始生产、经营(包括试生产、试营业)期间。

4. 流动资金预测

创立企业,除了考虑固定资产及开办费用,还需要考虑在企业营运期间需要的流动资金,以支付以下开销:购买并储存原材料和成品的费用、促销费用、工资、租金、保险费及其他费用(水电费、办公用品费、交通费等)。

(1)购买并储存原材料和成品的费用。如果我们创业是作为制造商,必须预测生产需要多少原材料库存,这样我们可以计算出在获得销售收入之前需要多少相关投入。如果是作为服务商,必须预测在顾客付款之前,提供服务需要多少材料库存。如果是作为零售商和批发商,必须预测在开业之前,需要多少商品库存。

(2)促销费用。新企业开张可能需要促销商品或服务,而促销活动需要流动资金。

(3)工资。如果我们雇用员工,在起步阶段就需要给他们付工资。另外,虽然我们自身是企业的老板,但是为了保证财务安全,每个月最好也给自己发放一定的工资。计算流动资金时,要计算用于发工资的钱,通过用每月工资总额乘以达到收支平衡所用的月数就可以计算出来。

(4)租金。一般情况下,企业一开始运转就要支付用地、用房的租金。计算流动资金里用于房租的金额,用月租金乘以达到收支平衡所用的月数就可以得出。还要考虑到租金可能一付就是3个月或6个月,甚至一年,这会占用更多的流动资金。

(5)保险费。企业一开始运转,就必须支付所有的保险费,比如员工的社会保险费、企业财产保险费等,这也需要流动资金。

(6)其他费用。在起步阶段,还要支付一些其他费用,例如电费、文具用品费、交通费等。

有的企业需要足够的流动资金来支付一年的全部费用,也有的企业只需要支付6个月或3个月的费用。这时候必须预测,在获得销售收入之前,企业能够支撑多久。一般而言,刚开始的时候销售并不会太顺利,因此,流动资金要计划得富裕些。

接下来,我们需要制订一个利润计划。它能帮助我们更准确地预测所需要的流动资金。

(二)制订利润计划

计算出了创业需要的启动资金,下面要关注企业怎样挣钱的问题,这对企业的成败至关重要。

1. 预测销售收入

预测销售收入一般采取以下步骤:

（1）列出企业推出的所有产品；

（2）预测第一年里每个月期望销售的每项产品数量，可通过与同类企业比较、实地测试（试销）、售前调查信函或实地调查等预测；

（3）为计划销售的每种产品制定价格；

（4）用销售价格乘以月销售量来计算每种产品的月销售额。

预测销售收入是创业准备中最重要和最困难的部分。在预测销售收入时不要太乐观，在头几个月里，销售收入不会太高。

2. 制订销售和成本计划

仅仅知道自己的销售收入是不够的。为了掌握企业实际运转的情况，一定要知道企业是不是有利润。只有这样，才能知道企业是否在挣钱。利润的算法是以销售收入减去企业经营成本。当计划开办一家新企业时，应该预测第一年中每个月的利润。具体计算方法如下。

（1）了解自己产品或服务的成本构成。对于一个新企业来说，预测成本绝对不是一件容易的事。最好的方法是参照一家同类企业，了解一下该企业算入了哪些成本。所有企业都有两种成本，有些成本是不变的，如租金、保险费和营业执照费，这些成本叫作固定成本；另外一些成本随着生产或销售的起伏而变化，如材料成本，这些成本是变动成本。预测成本时，必须认真区分变动成本和固定成本。对变动成本，必须知道这些成本是怎样随着生产或销售的变化而变化的。

（2）了解固定资产折旧价值也是一种成本。折旧价值是由于固定资产，例如设备、工具和车辆等不断贬值而产生的一种成本。它虽然不是企业的现金支出，但仍然是一种成本。需要计算固定资产（有较高价值和较长使用寿命的资产）的折旧价值。

根据我国的税法，表3-1所列出的折旧率适用于大多数企业。

表 3-1　折旧率

固 定 资 产 类 型	每 年 折 旧 率
工具和设备	20%
机动车辆	10%
办公家具	20%
店铺	5%
工厂建筑	20%
土地	无

（3）计算出单位产品的成本价格。

3.制订现金流量计划

维系企业生命的血液——现金流是创业的生命线,是企业这台发动机运转的燃料。现金流的大小直接反映企业的赚钱能力,是创业阶段和成长阶段管理的重点。

制订现金流量计划绝非易事,需要计算出一年内每个月的现金流入量和现金流出量,这样便可以确定净现金流量。

制订现金流量计划可以帮助我们确定自己的流动资金需求,确保企业不会陷入无现金经营的窘境。

课·堂·练·习·3.1

构思一个创业项目,并动手算一算你的项目启动资金(表3-2)。

表3-2　启动资金预测表

类　别	项　目	数　量	单　价	金　额	说　明
固定资产					
	小计				
开办费用					
	小计				
流动资金					
	小计				
合计					

二、创业融资的方式和主要渠道

创立新的企业,最大的困难之一就是难以获得资金。"巧妇难为无米之炊",在创业的漫漫长路上,大学生固然具备有热情、有决心、有冲劲、有勇气等优势,但若不能切实地解决资金问题,再好的主意和创意也只是空话。因此,大学生创业,寻找适当的融资渠道是重要的课题。

创业融资是指创业者根据其创业计划或企业的生产经营现状、资金运用情况和发展需要,通过不同的渠道,采用一定的方式,进行内部积累或向投资人或债权人筹集资金,满足初创企业需要的经济行为。创业者通过合理选择融资渠道和融资方式,可以降低资金成本,将创业企业的财务风险控制在一定范围之内。

(一) 创业融资方式

创业融资主要可分为以下几种类型。

1. 内部融资和外部融资

按照资金的来源,创业融资可以分为内部融资和外部融资。内部融资是指企业通过经营活动产生资金,即从企业内部筹集资金,这些资金主要由留存收益和折旧构成,体现了企业不断将储蓄转化为投资的过程。外部融资是指企业通过一定方式向其他经济体筹集资金。外部融资方式包括银行贷款、发行企业债券、发行股票等。

2. 直接融资和间接融资

按照资金的融通是否经过金融媒介,创业融资可以分为直接融资和间接融资。直接融资是指资金的供给者与资金的需求者利用一定的金融工具直接形成债权债务关系的金融行为,中间没有金融中介机构的介入。企业发行股票、债券,企业之间、个人之间的直接借贷等都属于直接融资。间接融资指通过银行融资,本质上是通过银行这一中介将储户存的钱借过来。

3. 债权融资和股权融资

按照资金的性质,创业融资可以分为债权融资和股权融资。债权融资是指企业通过借钱的方式进行融资。对所获得的资金,企业要支付利息,并在借款到期后向债权人偿还资金的本金。债权融资包括银行贷款、发行企业债券、政府贴息贷款、政府间贷款、金融租赁等。股权融资是企业的股东愿意让出部分企业所有权,通过企业增资的方式引进新的股东的融资方式。对股权融资所获得的资金,企业无须还本付息,新股东可以和老股东一样分享企业的盈利。股权融资包括风险投资基金、天使基金、股票融资等具体形式。

(二) 创业融资渠道

常见的创业融资渠道有以下几种。

1. 自有资金

创业者的自有资金主要来自其个人和家庭的积蓄。几乎所有的创业者都会将自有资金投入初创企业。许多没有积蓄的创业者在萌生了创业想法之后,会通过先工作赚钱,有了积蓄后再出来创业的方式开启自己的创业之路。

2. 亲朋好友及合作伙伴融资

在创业初期,由于缺少抵押及担保、缺乏商业信用,从亲朋好友处借款或寻找持有资金者作为合作伙伴成为很多创业者采取的主要融资方法。其优点是融资成功率高、利息条件较为优惠、手续简便、资金能迅速到位。但值得注意的是,为避免日后的风险和可能产生的纠纷,在借款时,即便是对亲朋好友,也最好以书面的形式订立字据,并按期归还资金。对合作伙伴,则按照共同投资、共同经营、共担风险、共享利润的原则筹集资金。

3. 天使投资

天使投资是股权融资的一种形式,指个人或机构对具有专门技术或独特概念的原创项目或小型初创企业进行一次性的前期投资。这些个人很多是曾经的创业者或大企业的高管。天使投资人不但可以带来资金,而且可以带来社会资源网络。

4. 银行贷款

比较适合初创企业的银行贷款主要有抵押贷款和担保贷款。现在,银行的贷款方式也有很多创新。除了不动产抵押贷款,还可以将你拥有的发明专利、核心技术作为抵押来获得银行贷款。

5. 信用担保贷款

信用担保是指在企业向银行融资的过程中,由担保机构为作为债务人的企业提供担保。当企业不能还款时,由担保机构代替企业承担合同约定的偿还责任,还款给银行,从而保障银行债权的实现。

6. 小额贷款公司贷款

小额贷款公司是由自然人、企业法人和其他社会组织投资设立的,不吸收公众存款,只经营小额贷款业务的公司。与银行相比,小额贷款公司的服务更加便捷、迅速,适合初创企业、小微企业。与一般的民间借贷相比,小额贷款公司贷款更加规范,贷款利率可以协商确定。

7. 政府扶持资金

多年来,从中央到地方各级政府都设立了种类繁多的基金、专项资金,针对中小企业的发展提供资助和扶持。如有科技型中小企业技术创新基金、中小企业发展专项资金、中小企业国际市场开拓资金、国家重点新产品补助、节能产品贴息项目计划、电子信息产业发展基金,各地还有小额贴息贷款、一次性创业资金补助等。初创企业要得到国家和地方的资金支持,首先要对有关政策和资金的情况有全面的了解和把握,其次要做好申请前的准备工作,最后要填写申请材料。

拓展阅读:乡村运营合伙人带动山乡"加速跑"

案例 3.1

第十届中国中小企业投融资交易会开幕

2023 年 7 月 2 日,第十届中国中小企业投融资交易会在北京开幕。本届投融会以"金融活水精准滴灌 专精特新提质增量"为主题,通过展览展示、论坛活动、项目路演、项目资本对接等形式,搭建了中小企业与金融机构、中小企业与地方政府之间的产融结合平台。

坚持走"专精特新"发展道路是广大企业,特别是中小企业做大、做强的必由之路。科技型中小企业深度聚集了人力、技术和资本等创新要素,一头连着经济高质量发展

大局,一头连着高水平科技自立自强战略大局。做好以"专精特新"中小企业为对象代表的科创金融服务是银行业坚守服务实体经济定位、践行金融强国理念的应有之义。近年来,期货经营机构坚决贯彻落实党中央国务院各项决策部署,主动作为、多措并举、迎难而上,为中小企业提供个性化、精细化的风险管理服务方案,在帮助企业稳产保供、有效缓解经营困难方面发挥了积极的作用。

我国中小微企业数量截至 2022 年底超过 5 200 万户,较 2021 年底增长 9.1%,规模以上工业中小企业经营收入超过 80 万亿元;创新能力显著增强,"专精特新"企业达到 8 万多家,"小巨人"企业达到近 9 000 家;广泛分布于各行业、各领域,超四成"小巨人"企业聚集在新材料、新一代信息技术、新能源汽车及智能网联汽车领域,超六成深耕于工业基础领域,超九成是国内外知名大企业的配套供应商,在支撑经济稳步增长、维护全球产业链供应链稳定中发挥着重要作用。

8. 风险投资

风险投资又被称为创业投资,是个人或机构将资金投向有潜力的成长性企业,并在恰当的时候通过企业的上市或并购而获得高资本收益的行为。投资的对象一般是处于创业期的中小企业和新兴企业,而且多为高新技术企业或具有高成长潜力的企业。投资方式一般为股权投资,个人或机构通常占被投资企业 30% 左右的股权,不要求控股权,也不需要任何担保或抵押,目的是追求超额回报。风险投资个人或机构一般会积极参与经营管理,帮助企业增值,然后通过上市、收购兼并或股权转让的方式撤出资本,实现收益。风险投资相对于其他融资方式有很多特点。

(1)高风险和高收益。风险投资要的就是高收益。与传统投资相比,风险投资更追求短期内的高回报率。一般来说,风险投资者对年回报率 25% 以下的项目不会考虑,他们要求的是 60% 以上的回报率,甚至在数年内获取几百倍的回报。当然,与高收益相对应的是风险投资面临的高风险。

(2)看重"人"的因素。在谁能获得资金方面,风险投资人更看重"人"的因素。企业必须拥有强有力的领导核心,每个管理者都要拥有丰富的管理经验、扎实的管理知识、忘我的奉献精神、专业化的特定技能、迎接挑战的能力和必要的灵活性。

案例 3.2

百度的融资成功经验

百度公司进行创业融资时,创业团队制订了 100 万美元的融资计划。很快就有好几家公司看中了百度的技术和团队,愿意为他们投资。百度团队最后选择了半岛资本。半岛资本的合伙人问百度团队:"你们说自己的技术了得,有什么办法让我们相信?"百度团队通过电话沟通,成功地让半岛资本的合伙人打消了顾虑。其后,半岛资本联合明德投资,向百度投资了 120 万美元。

明德投资还为百度引来了第二轮融资的领投者德丰杰全球创业投资基金。德丰杰随即对百度展开了审慎的调查,这项工作由符绩勋负责。"那段时间,我们大都在晚上去实地考察百度。"符绩勋回忆道。"透过公司的灯光,我们看到这家企业闪现着硅谷式的创业精神。"而另一家创业投资巨头 IDG 决心投资百度,是因为发现百度团队非常关注怎么找到优秀的技术人员和管理人员。投资谈判过程相当顺利,德丰杰联合 IDG 向百度投资了 1 000 万美元。

(3) 积极参与被投资企业的经营管理。风险投资人和创业者之间不仅仅是债权人和债务人之间的关系。风险投资人很注重监督企业的发展,在投资的同时,或多或少会参与到企业的事务中,甚至会对创业者进行严格监控和苛刻要求。与之相对的好处是,许多风险投资人本身也是经营老手,所以创业者在从风险投资人那里获得的往往远不止资金。风险投资人一般对于所投资的领域富有经验,还有许多风险投资人以前是企业高层,有各类人才网络,而这对企业的成长是至关重要的。

(4) 往往通过后期撤资实现收益。风险投资人广受信赖的一个原因便是他们的投资目的比较单纯。他们虽然对企业有部分介入,但最终目的是监控而非独占。待时机成熟,他们往往会通过后期撤资实现收益。

9. 商业信用融资

企业信用融资是指企业利用其商业信用,在销售商品、提供服务的经营过程中向客户收集资金的行为,包括收取客户的预付款、押金、定金等,具有筹资方便、成本低、限制条件少的特点,目前已成为初创企业筹集短期资金的重要方式。

10. 融资租赁

融资租赁又称设备租赁,是集融资与融物、金融与贸易、所有权与使用权于一体的融资方式。企业可以委托金融租赁公司购买所需设备,然后以租赁的方式取得设备使用权,在付清租金后获得该设备的所有权。通过这种方式,原本无力购买设备的企业可以获得所需的先进设备,还可以边使用边还租金,既节约了资金,又提高了资金的利用率。对资金不足又需要购买大件设备的初创企业来说,这是十分有效和重要的融资方式。

11. 典当融资

典当融资虽只起着拾遗补阙、调余济需的作用,但能在短时间内为创业者争取到更多的资金,因而受到创业者的青睐。典当融资的优势在于它对中小企业的信用要求几乎为零,只注重典当物品是否货真价实;典当的起点低;融资手续简便,即使是不动产抵押,也比银行便捷许多;不问贷款用途,资金使用起来十分自由。其比较适合资金需求不大,要得又很急的企业融资。

案例 3.3

急事告贷,典当最快

小周自某高职院校毕业后投身通信设备代理行业创业。这段时间,他争取到了一款新手机的代理权,可是对方要求他在三天内付清货款才能拿货。小周的资金还差一些凑齐,又不甘心失去这得来不易的代理权,于是,他马上开车来到典当行,把自己为创业购买的汽车暂时典当了。在办理典当手续、出示相关证件、填表后,他把车开到指定的仓库,签了合同,不出半天的工夫,就拿到了他急需的钱。一个月后,小周前来赎当,这笔当金帮他赚了近 10 万元的手机代理费。

---

12. 互联网融资

互联网融资是利用互联网技术和信息通信技术实现资金融通的新型融资方式,主要包括众筹融资、网络借贷等。

众筹融资就是利用众人的力量,集中大家的资金、能力和渠道,为创业企业进行某项活动等提供必要的资金援助。众筹分为商品众筹和股权众筹。商品众筹是指将产品发布在众筹平台上,买家看到感兴趣的产品后,可以进行投资,在预定时间内达到预期金额即为众筹成功,筹集的资金可以被投入进一步大规模生产。股权众筹出售的是企业的股权,买家可以选择认为有前景的项目或企业进行投资。

网络借贷指借入者和借出者通过网络平台实现借贷的在线交易,包括个体网络借贷和网络小额贷款。个体网络借贷分为 B2C 模式和 C2C(个人对个人)模式。网络小额贷款是指互联网企业通过其控制的小额贷款公司,利用互联网向客户提供小额贷款。

三、筹措资金的注意事项

(一)自备一定的创业资金

鉴于创业的风险,完全靠外部筹资来准备启动资金不太现实。尤其是初次创业者,应当尽量自备创业所需的资金。自有资金占创业所需资金的 50% 以上,比较有利于向外筹集资金,也有助于实现创业成功。

(二)向外筹资量力而行

尽量将外部筹借的资金额控制在自己可偿还的范围内,估算好自己具备的还款能力,以便万一创业失败,还能维持生活。

(三)给自己和家庭留足必要的生活费用

很多创业者期望创业成功,放手一搏,在企业经营过程中不给自己留余地,把所有家当都投入到所经营的企业中去,这样可能会让自己和家庭陷入危机。

（四）合理选择筹资渠道和方式以降低资本成本

不同的资金来源会形成不同的资本成本，即使是对同一资金来源而言，筹资方式不同，资本成本也会不同。因此，在筹资前应认真比较各种资金来源的资本成本，合理选择筹资渠道和方式，力求降低资本成本。

1. 要合理安排筹资期限

本着以"投"定"筹"的原则筹资。由于投资往往是分阶段、分时期进行的，企业在筹资时，可按照投资的进度来合理安排筹资期限，这样既可以减少资本成本，又可以减少资金不必要的闲置。

2. 要合理安排资本结构

在筹资决策过程中，合理安排债务资本比率和权益资本比率是非常重要的。在一定限度内合理提高债务资本比率，降低权益资本比率，可以全面降低企业的综合资本成本。但是，如果一味追求降低资本成本，导致负债规模大，必然会使企业承担的利息支出上升，进而出现财务危机。因此，企业必须保持合理的资本结构，减轻偿债压力。

课 堂 练 习 3.2

吴磊从某高职院校毕业后选择了自主创业，主要业务是生产家具。一开始他的创业规模较小，资金来自自己存的钱和父母的资助。但是，随着订单越来越多，创业规模需要扩张，于是他开始大量融资，先是从朋友手中借了 20 万元，又拿走了父母的养老钱 20 万元，除此之外，又将父母的房子作为抵押，从银行贷款 80 万元，几乎把家里的钱全部投入到生产中去。两年后，银行贷款即将到期，吴磊开始到处找合作商进行催款，但是，几个合作商均经营不善，拖欠货款……

请思考：上述这个案例中，主人公吴磊在创业过程中进行融资时存在哪些不当之处？请说明理由。

总结案例

安天圣施完成近亿元 A 轮融资

苏州安天圣施医药科技有限公司（简称安天圣施）在 2024 年 6 月宣布完成近亿元 A 轮融资。本轮融资由国投创业领投，老股东和瑞创投 SCA3 产业基金跟投，支持安天圣施推动新技术研发、商业化生产实施、国际化经营战略布局等。本轮所募资金将用于加速推进针对杜氏肌营养不良、脊髓小脑共济失调、亨廷顿舞蹈症等适应证的产品研发并申请注册临床试验，推动多个后续创新管线的产品开发，促进国际合作。

对于此次投资，国投创业表示，看好安天圣施在 RNA（核糖核酸）靶向 ASO（反义寡核苷酸）领域的创新能力和发展潜力，希望本轮募资可推动安天圣施多个管线的研发进程。此次融资是国投创业在生命科学和医疗健康领域的又一重要布局举措,其未来将继续积极寻找和支持具有创新力和市场前景的生命科学和医疗健康项目,共同推动生命科学和医疗健康产业在中国的快速发展。

安天圣施创始人针对此轮融资的意义表示,他们的目标是尽快推动几款针对神经肌肉罕见病的产品进入临床试验。目前这些罕见病尚无有效治疗方法,或者市场上虽然已有药物,但药效很不理想,他们利用最新平台技术研制的 ASO 产品可以在源头改善基因缺陷,并在动物模型上显示了较好的药效和安全性。此次国投的支持不仅为他们提供了研发的资金保障,而且为他们的技术快速进入临床应用提供了强大的动力。

随着资金的到位,安天圣施计划加速其多个 ASO 药物项目的临床试验准备,并扩大其研发团队规模,增强公司原创研发能力。此外,公司将加强与国内外科研机构和生物医药企业的合作,共同推进神经肌肉疾病、癌症等领域的科学研究和药物开发。

安天圣施成立于 2017 年,是中国首家以 RNA 加工为靶标研发 ASO 药物的公司。公司聚焦技术创新,近年来在 RNA 剪接调控、新型 RNA 加工等领域已取得突破性进展。公司目前已有十多个在研产品管线,其中针对杜氏肌营养不良和脊髓小脑共济失调 3 型的药物研发已取得令人鼓舞的临床前数据,具有重要的临床研发价值。安天圣施自成立以来,前期已获得两轮融资,包括天使轮 3 000 万元,pre-A 轮 2 600 万元。这次 A 轮的近 1 亿元融资标志着安天圣施迈入了快速发展阶段。

实训实践 3.1

进行资金规划与制定融资策略

企业开展生产经营业务活动离不开资金,资金是企业设立、生存和发展的物质基础。融资是指企业根据其生产经营、对外投资及调整资本结构的需要,通过融资渠道和资金市场,运用多种融资方式,经济有效地筹集企业所需的资金的活动。筹集企业发展的必需资金是企业财务活动开展的前提。企业融资的基本目的是实现自身的正常生产经营与发展,并对其资本结构进行调整。

无论企业规模大小,无论企业经营什么,不同的企业管理者总是以通过不同的融资、投资、经营活动来实现"获得最大经济利益"的目标。企业融资是企业经常进行的一项经营活动,不仅创办新企业或扩大再生产需要融资,维持企业正常的经营也需要融资。

请先阅读以下案例,然后回答有关问题。

刘强的咖啡厅创业计划

刘强从某高职院校毕业后,准备自己创业当老板。

其实,刘强大学期间在一家知名的咖啡馆做过两年兼职,平时也会购买一些咖啡相关的书籍阅读。他对咖啡情有独钟,大学还没毕业,就一直梦想着将来能够拥有一家属于自己的咖啡厅,而此时正是一个契机。经过前期的市场调查和准备,刘强在市区白领经常出入的写字楼旁边租了一间大概100平方米的商铺,开始进行装修、购买设备、跑注册、招聘等一系列准备工作,并制订了近一年的创业计划。

他经过初步规划,总结出开一家咖啡厅需要准备以下费用。

店面装修:进行室内装修和门面装修,50 000元。

相关设备:咖啡机、磨豆机、打奶泡器、咖啡杯等相关设备和用品,20 000元。

家具:桌椅、音响等,5 000元。

POS(销售终端)机:以方便支付和工作管理,1 800元。

企业注册:工商注册费、税务登记费等相关费用,1 000元。

前期市场调查费:1 200元。

原材料费:咖啡豆、奶、糖等原材料,每月7 000元;纸杯、纸袋等包装材料,每月800元。

员工工资:创业之初先雇1名员工打杂,每月工资5 000元。

店铺租金:每月9 000元。

营销费用:促销费、宣传费等,每月2 000元。

其他费用:水电费、办公用品费、交通费等,每月2 000元。

问题:

1. 请根据以上资料梳理刘强需要哪些方面的启动资金,并计算前三个月的启动资金是多少,填入表3-3。

表3-3　启动资金需求表

类　别	项　目	数　量	单　价	金　额	说　明
固定资产	店面装修				
	相关设备				
	小计				
开办费用	企业注册				
	小计				
流动资金	原材料				
	包装材料				

续　表

类　别	项　目	数　量	单　价	金　额	说　明
流动资金					
	小计				
合计					

2. 刘强目前自己手头有 10 万元资金。通过市场调查,他预测每天可以卖出 100 杯咖啡,平均每杯售价 18 元,每月按 30 天计。请你为刘强的咖啡厅制订从开业前准备到开业后三个月期间的资金需求计划,并计算出资金缺口(表 3-4)。

表 3-4　资金缺口

		金　额
启动资金	固定资产	
	开办费用	
	流动资金	
自有资金		
现金流入		
现金流出		
资金缺口		

备注:1. 资金缺口=启动资金+现金流出-自有资金-现金流入;
　　　2. 现金流入和现金流出指的是自企业试生产或试营业起至收支平衡前的流入、流出

任务二　创立企业

学习目标

1. 了解不同的企业类型及其特征,选择企业类型的方法,起名的原则、技巧及注意事项、选址的方法及注意事项。

2. 能完成起名、选址等事项,能完成企业注册的流程。

3. 树立严谨认真的态度,养成善于思考、遵守规章的习惯。

课前活动

时间:15分钟。

场地:教室。

道具:便笺纸、马克笔。

活动步骤:

1. 全班同学分成几个小组,分别讨论:如果你准备创立企业,你会选择怎样的企业类型? 不同的企业类型分别适合哪一类创业者? 将答案写在便笺纸上。

2. 每个小组派出一名同学阐述,将便笺纸贴在白板上进行展示。

3. 教师点评。

导入案例

该不该承担连带清偿责任?

小张和几个同学从某高职院校毕业后,一起建立了某合伙企业。因市场竞争激烈,该合伙企业的经营状况一直不佳,小张作为合伙人之一,决定退出该合伙企业,并按规定通知了其他合伙人。其间,另一合伙人小余以该合伙企业的名义与迪乐装饰建材公司签订了代销油漆涂料的合同。小张在办理退伙事宜时,因合伙企业与迪乐装饰建材公司刚刚签订代销油漆涂料的合同,故未对此合同的有关事宜进行结算,便即退伙。

该合伙企业在后来的经营过程中,因违法经营被工商部门依法吊销营业执照而解散。迪乐装饰建材公司得知该合伙企业解散的消息后即向法院起诉,请求该合伙企业偿还代销其油漆涂料的货款。其他合伙人找到小张,让他承担连带清偿责任。小张不服气,告到法庭。

《中华人民共和国合伙企业法》规定:"退伙人对基于其退伙前的原因发生的合伙企业债务,承担无限连带责任。"法院审理认为,该合伙企业与迪乐装饰建材公司签订代销油漆涂料的合同时,小张尚未退出合伙企业,他在办理退伙事宜时,也未对此合同有关的债权、债务进行清算。因此,小张对此项债务应承担连带清偿责任。

一、选择企业的组织形式

企业的组织形式是指企业财产及其社会化大生产的组织状态,它表明了一个企业的财产构成、内部分工协作和与外部社会经济联系的方式。企业是创业的载体,选择什么样的企业组织形式对于创业的成败至关重要。常见的企业组织形式有有限责任公司、合伙企业、个人独资企业等。

（一）有限责任公司

公司是依法设立的以营利为目的的企业法人。公司是最常见的企业组织形式,是现代企业制度的集中表现。公司的形式有有限责任公司和股份有限公司。

有限责任公司简称有限公司,是指根据《中华人民共和国公司登记管理条例》的规定登记注册,由五十个以下的股东出资设立,每个股东以其所认缴的出资额为限对公司承担有限责任,公司法人以其全部资产对公司债务承担全部责任的经济组织。

1. 有限责任公司的设立

（1）设立条件。设立有限责任公司必须符合以下条件:股东符合法定人数;有符合公司章程规定的全体股东认缴的出资额;由股东共同制定公司章程;有公司名称,建立符合法律规定的组织机构;有公司住所。

（2）设立程序。设立有限责任公司通常要通过以下程序:制定公司章程、履行出资义务、办理公司设立登记。申请设立有限责任公司符合法律规定的条件的,经企业登记机关核准登记,取得法人营业执照,公司即告成立。

2. 有限责任公司的资产制度

有限责任公司的股东即公司的出资人。在有限责任公司获准成立之后,各个出资人即成为公司的股东。股东按照投入公司的出资份额享有资产收益及做出重大决策、选择管理者等权利,但不能直接控制与支配股权名下的财产;可以自由转让其股份,但不得随意收回出资。股东以其出资额为限承担责任。

3. 有限责任公司的组织机构

有限责任公司的组织机构包括股东会、董事会、经理、监事会。股东会由全体股东组成,是公司的最高权力机关。董事会是由股东推选出的代表全体股东利益对公司活动进行管理和指挥的机构,既是负责组织实施股东会决议的执行机构,又是制定公司某些方针、政策的经营决策机构。经理由董事会聘任和解聘,主持公司的生产经营管理工作。监事会是公司的内部监督机构,是代表股东及公司职工对公司的业务经营活动进行监督的机关。

4. 有限责任公司的破产、解散和清算

(1) 破产。有限责任公司不能清偿到期债务,符合我国破产法律的有关规定的,可以依法被宣告破产。

(2) 解散。有限责任公司有下列情形之一的,可以解散:公司章程规定的营业期限届满或者公司章程规定的其他解散事由出现;股东会决议解散;因公司合并或者分立需要解散。公司违反法律、行政法规被依法责令关闭的,应当解散。

(3) 清算。公司依法被宣告破产或者解散的,应当依照法律规定成立清算组。有限责任公司清偿后的剩余财产按股东的出资比例分配。清算结束后,清算组应当制作清算报告,报股东会或者有关主管机关确认,并报送公司登记机关,申请注销公司登记。

有限责任公司这一组织形式的优势在于:将资金供给者的范围拓展到全社会,大大拓宽了资金来源;所有权和经营权分离,使得所有者和经营者各尽其能、相互补充,使得经营管理的连续性大大增强;公司一旦破产,股东只承担自己所占股份的相应责任,而不会损失其他个人财产。它的劣势在于:公司中的利益关系比较复杂,借机牟取个人私利的机会更多,更难以监控;经营者未必能够全心全意促进企业保值、增值。

(二) 合伙企业

合伙企业是指在我国境内设立的由各合伙人订立合伙协议,共同出资、合伙经营、共享收益、共担风险,并对合伙企业债务承担无限连带责任的营利性组织。

1. 合伙企业的特征

合伙企业具有以下法律特征:

(1) 合伙人以全部财产对合伙企业的债务承担责任,并且合伙人之间承担连带责任;

(2) 合伙企业中,合伙人一般直接参与经营,合伙企业的日常经营活动由各合伙人共同决定;

(3) 合伙企业是契约式企业,合伙人按合伙协议的约定行使权利与承担义务。

2. 合伙企业的设立

设立合伙企业应当具备下列条件:有两个以上合伙人,合伙人均承担无限责任;有书面合伙协议;有各合伙人实际缴付的出资;有合伙企业的名称;有经营场所;具备从事合伙经营的必要条件。

申请设立合伙企业,应向所在地的企业登记机关申请办理设立登记。营业执照的签发日期为合伙企业的成立日期。

3. 合伙企业的经营管理

合伙企业的财产由全体合伙人共同管理和使用。合伙企业的事务可以由全体合伙人共同执行,也可以由合伙协议约定或者全体合伙人决定,委托一名或数名合伙人予以执行,其他合伙人有权对其执行合伙企业事务的情况进行监督、检查。

一般情况下,合伙企业的盈余分配和亏损分担的方法及比例由合伙人在合作协议中做明确约定;合伙协议未做约定或约定不明确的,由各合伙人平均分配和分担。但是,在合伙人协议中不得约定将全部盈余分配给部分合伙人,也不得约定全部亏损由部分合伙人承担,否则该约定无效。

4. 入伙与退伙

入伙是指合伙企业成立后,其他人加入合伙企业的行为。新合伙人入伙,应当经全体合伙人同意,并与之依法订立书面的入伙协议。入伙协议未约定的,新合伙人与原合伙人享有同等权益,承担同等责任。新合伙人对入伙前合伙企业的债务承担连带责任。

退伙是指合伙人退出合伙,从而丧失合伙人资格的行为。退伙一般分为任意退伙、法定退伙和除名三种。

(1) 任意退伙,也称为声明退伙,即合伙人告知其他合伙人后发生的退伙行为。

(2) 法定退伙,即基于法律的规定及法定事由而当然退伙,主要有合伙人死亡或被依法宣告死亡、被依法宣告为无民事行为能力人、个人丧失偿债能力、被人民法院强制执行在合伙企业中的全部财产份额等情况。

(3) 除名,即合伙人因严重违反合伙协议规定或有其他重大不轨行为,损害了合伙企业的利益或威胁到合伙企业的生存与发展,而被其他合伙人一致决定开除。

5. 合伙企业的解散、清算

(1) 合伙企业的解散。合伙企业有下列情形之一的,应当解散:合伙协议约定的经营期限届满,合伙人不愿继续经营;合伙协议约定的解散事由出现;全体合伙人决定解散;合伙人已不具备法定人数;合伙协议约定的合伙目的已经实现或者无法实现;被依法吊销营业执照;出现法律、行政法规规定的合伙企业解散的其他情形。

(2) 合伙企业的清算。合伙企业解散后应当进行清算,并通知和公告债权人。

合伙企业清算时,其债务应先以其全部财产进行清偿。合伙企业的财产不足以清偿债务的,各个合伙人应当承担无限连带清偿责任。合伙企业解散后,原合伙人对合伙企业存续期间的债务仍应承担连带责任。但是,如债权人在 5 年内未向债务人提出清偿请求,则债务人的清偿责任归于消灭。

合伙企业这一组织形式的优势在于:合伙人依照约定进行出资,使得合伙企业的资金来源有所扩大;合伙人共同管理企业,可以发挥合伙人各自的积极性,聚集多种生产经营要素,提高企业的营利能力。它的劣势在于:合伙企业募集资金时因受到合伙人之间相互了解、信任水平的制约,募集的资金有限;合伙人需要对企业的债务承担无限连带责任;合伙企业经常受到散伙的威胁,很难长久维持。

(三) 个人独资企业

个人独资企业是指由一个自然人出资设立,财产为投资者个人所有,出资人以其个人财产对企业债务承担无限责任的经营实体。个人独资企业的所有者可以自行管理企业的各项业务,也可以聘任其他人员管理企业事务。聘用他人管理企业事务的,要与之签订书面合同,明确授权范围。

个人独资企业这一组织形式的优势在于企业所有者的个人利益与企业利益完全一致。它的劣势在于:个人独资企业只有单一的企业所有者,这使得企业的资金有限,企业所有者决策失误容易导致企业利益受损;企业主对企业的债务承担无限责任。

（四）如何选择企业的组织形式

创业初期,选择不同的企业组织形式,都会有各自的利弊。企业只有选择了合理的组织形式,才有可能充分地调动各方面的积极性,使企业充满生机和活力。在决定企业的组织形式时,要考虑的因素很多,主要有以下几方面。

1. 税收

国家对不同类型的企业有不同的税收规定。因此,在选择企业组织形式时,要综合考虑税收、优惠政策等多种因素。

2. 利润的分享和亏损的承担方式

个人独资企业中,企业所有者无须和他人分享利润,也要一人承担企业的亏损。合伙企业中,如果合伙协议没有特别规定,利润和亏损由各个合伙人按相等的份额分享和承担。有限责任公司中,公司的利润是按股东持有的股份比例和股份种类分配的;对公司的亏损,股东个人不承担投资额以外的责任。

3. 资本和信用的需求程度

如果创业者有一定的资本,但尚不足,又不想使企业的规模太大,或者扩大规模受到客观条件的限制,更适宜采用合伙企业或有限责任公司的形式;如果创业者愿意以个人信用作为企业信用的基础,且不准备扩展企业的规模,适宜采用个人独资企业的形式。

此外,企业的存续期限、投资人的权利转让、投资人的责任范围、企业的控制和管理方式等因素都会在选择企业组织形式时对投资人产生影响,必须对各项因素进行综合分析。

课 堂 练 习 3.3

1. 对比分析各类企业组织形式的特征及优劣势,填入表3-5。

表3-5　各类企业组织形式的特征及优劣

企业组织形式	主 要 特 征	优 势	劣 势
有限责任公司			
合伙企业			
个人独资企业			

2. 请填写你为自己拟成立的企业选择的组织形式及考虑因素,填入表3-6。

表 3-6　所选择的企业组织形式及考虑因素

企业组织形式	考　虑　因　素

二、企业命名的原则、技巧及注意事项

(一) 企业名称的构成

企业的名称由四个基本要素构成：行政区划名称、字号、行业或者经营特点、组织形式。例如,北京市天宇广告有限公司,其名称的构成为:

```
北京市          天宇          广告          有限公司
(行政区划名称)  (字号)  (行业或者经营特点)  (组织形式)
```

案例 3.4

"娃哈哈"名称的由来

杭州娃哈哈集团有限公司的前身是杭州市上城区校办企业经销部,娃哈哈创始人借款 14 万元,靠代销汽水、棒冰及文具、纸张起家,成立了杭州娃哈哈营养食品厂。

公司成立之前,创始人为了给其起名煞费苦心,甚至曾通过新闻媒体在社会上征集名称,最后才将其定为"娃哈哈"。原因有三：一是"娃哈哈"三字中的元音 a 是孩子更易发的音,发音响亮,音韵和谐,容易记忆；二是从字面上看,"哈哈"能表达喜悦之情；三是同名儿歌《娃哈哈》以其特有的欢乐、明快的音调和浓烈的民族色彩传遍了大江南北,把这样一首广为流传的歌曲与企业联系起来,便于人们熟悉产品,从而提高品牌知名度。

对于新创立的企业而言,拥有一个响亮、适当的名称是十分重要的。名称不仅是企业的标志,而且可以反映企业的性质和文化,这对于企业形象的建立及产品的推广是很重要的。

(二) 企业命名的原则及基本方法

企业的名称是宣传企业和产品的最佳载体之一。在取名时能够发挥和需要斟酌的主要是企业名称中代表字号和反映行业或者经营特点的部分。一个好的名称可以因企业的成功成为无价的无形资产。创业者应遵循以下命名原则。

1．简短明快

企业名称应字数少，笔画少，易于和客户进行信息交流，便于客户记忆，同时还能引起大众的遐想。名称字数的多少对认知程度是有一定影响的。字数越少，人们的认知程度越高，即名称越短，越具有传播力。

2．符合企业理念、服务宗旨

企业名称应符合企业理念、服务宗旨，这有助于企业形象的塑造。可结合经营特点设计名称。例如卖的是地方小吃，名称不妨乡土、朴拙一些，如天津的"狗不理"包子、广州的"新荔枝湾"酒家；西餐厅命名则讲求浪漫、优雅，如"绿岛"；等等。

拓展阅读：企业命名相关问题

3．具备独特性

具有个性的企业名称可避免与别的企业名称雷同，以防混淆大众记忆，并可加深大众对企业的印象。

4．具有冲击力

企业名称应具备不同凡响的气魄，具有冲击力，给人以震撼之感。如"天地快件""北辰集团"。

5．响亮上口

响亮而又具有节奏感的名称极具传播力。如果名称比较拗口，节奏感不强，不利于发音，也不利于传播。

6．富于吉祥色彩

如儿童食品企业取名"喜之郎"，餐厅取名"喜运来""鸿福"，受到客户的欢迎。

7．考虑在世界各地的通用性

索尼（SONY）的原名为"东京通信工业股份有限公司"，对于国际市场的客户而言难以记忆。创始人对其进行更改后，索尼才成了人们熟知的品牌。

总之，判断一个企业名称的好坏，标准有是否易于记忆、形象是否鲜明、表达能力如何、独特性如何、传播方便与否等。企业名称应当是"音、形、意"的完美结合，以达到好看、好记的效果。还应注意以下两个方面：一是千万不要为了标新立异而闹出笑话；二是有时也要考虑地方方言的谐音。

（三）企业命名的法律规定

根据法律规定，企业名称应遵循以下规则。

（1）企业名称不得含有下列内容的文字：有损国家、社会公共利益的；可能对公众造成欺骗或者误解的；外国国家（地区）名称、国际组织名称；政党名称、党政军机关名称、群众组织名称、社会团体名称及部队番号；外国文字、汉语拼音字母、阿拉伯数字；其他法律、行政法规规定禁止的。

（2）企业名称应当使用符合国家规范的汉字。

（3）企业法人名称中不得含有其他法人的名称，国家市场监督管理总局另有规定的除外。

（4）企业名称中不得含有另一个企业名称。企业分支机构名称应当冠以其所从属企业的名称。

（5）企业营业执照上只准标明一个企业名称。

（6）企业名称有下列情形之一的,不予核准：与同一工商行政管理机关核准或者登记注册的同行业企业名称字号相同,有投资关系的除外;与其他企业变更名称未满 1 年的原名称相同;与注销登记或者被吊销营业执照未满 3 年的企业名称相同;其他违反法律、行政法规的。

（7）企业名称需译成外文使用的,由企业依据文字翻译原则自行翻译使用,不需报工商行政管理机关核准登记。

课堂练习 3.4

1. 判断表 3-7 中的企业名称是否符合规范。

表 3-7　企业名称分析表

企 业 名 称	是否规范	原　因
科比特信息科技有限公司		
北京捷成有限责任公司		
北京银杉科技有限公司		
北京宏达科技		

2. 根据自己的创业设想给拟成立的企业命名(表 3-8)。

表 3-8　企业命名

创业项目	
拟定的工商注册名称 （至少 3 个）	

三、选址方法及注意事项

（一）选址方法

1. 进行商圈分析

商圈是指以店铺所在地为中心,沿着一定的方向扩展的能吸引客户的范围,简单地说,就是来店客户所居住的地理范围。店铺的销售范围通常都有一定的地理界限,即相对稳定的商圈。

创业者在进行选址时,首先要细心地观察商圈的情况。如商圈内的客流量与车流量有多大,商圈内的竞争对手有多少,商圈所处的地理位置是城市中心抑或城市边缘。一般来讲,客流量较大的场所有城市的商业中心、火车站、长途汽车站等站点附近,商业步行街,大学校园门口,人气旺盛的旅游景点,大型批发市场门口,大中型居民区附近等。

一般说来,在车水马龙、人流熙攘的热闹地段开店,成功的概率会高出许多。这些地段属于商业集中地段,客户购物时一般会货比三家,通过对同类商品的价格比较、款式比较等来确定最终的购物场所。但商圈内的竞争对手不宜过多,同类商品专营商店至多不应超过三家,否则激烈的竞争将在所难免,甚至会有不良竞争出现。

案例3.5

服装店的选址

小孙毕业后自己开了一家小服装店,自己采购和进货。最初,她把店址选在一条非常有名的高档商业街上,开张后生意还算不错,但半年后,她发现自己几乎没有赚到钱。因为这里的租金很高,再扣除电费、杂费等花销,收入就所剩无几了,而服装的定位又决定了利润空间。在朋友的建议下,她决定把店开在人气较旺的地铁站出入口,既节省了一大笔开支,又符合小店的定位。

2. 根据主营商品确定地址

营业地点的选择与主营商品及潜在客户群体息息相关,各行各业均有不同的特性和客户群体,商业繁华区并不是唯一的选择。比如,理发店适宜开在大型居民区附近,体育用品店可以开在大学校园附近。这要求创业者对自营的产品及客户群体有清晰的认识,知己知彼,方可制胜。

3. 关注交通条件及停车场所

所选位置最好交通便利、通畅,与过街天桥、地下通道、公共汽车站、地铁站等相邻,尽可能位于十字路口的拐角,这类地区的人流量一般都很大。同时,还应注意门前或附近是否有停车场,以方便有车的客户。

4. 要当机立断

一旦发现好的店铺,就要迅速拿下,以免夜长梦多、错失良机。

5. 要与业主确定店铺产权关系

首先,要与业主进行深入沟通,并通过正面的谈话及与附近的经营者攀谈了解业主的背景,避免上当受骗。其次,如果其确实为理想地段,为了达到长期盈利及压低房租的目的,应签订较长期的合同。再次,应仔细分析租金等各类费用,如果各类费用过高,致使自己无利可图,那么应该趁早放弃。最后,除了谈租金外,还要注意谈妥有关的附加条件,这也可以节省不少开支。比如,可否正常供暖、通水、通电,可否对店面的房顶、地板、墙壁做基本的修缮,可否添置或维修水电设施等。关于基础设施的矛盾及矛盾的解决方法也应在合同内有所体现。对这些事项都应该事先考虑清楚,以免在未来与业主产生纠纷,影响营业的正常进行。

6. 对附近店铺进行调查

在发现不错的位置后,还要对周边店铺的经营者进行有效的咨询,一是可以更加明确该地区的房价,二是可以明了周边竞争的激烈程度,有效地确定产品销售价格及促销方案,占得先机。

(二) 场地租赁

1. 可以租赁的场地

(1)商铺。临街的商铺便于客户上门,独立形象好,但租金较贵,尤其是位置较好的一楼商铺。有的零售或服务提供不必在一楼进行,选择二楼或三楼商铺可以节省一定的租金。批发市场、商场、购物中心里的商铺虽然不临街,但也是很好的选择。

(2)摊位。可选择批发市场、大型商场或超市中的零售摊位。因为批发市场、商场和超市的人流量很大,摊位的销售流水按单位面积计算也比较高。

(3)专柜。很多商场或超市会把场地分割,以专柜形式包给不同的个体户经营。这种专柜经营有的是租赁经营,有的是与商场或超市联营。

(4)写字楼。选择在写字楼里经营的一般都是不做商品零售的企业。有些服务性零售企业也可在写字楼里经营。写字楼的租金比商铺低,也不会出现人多嘈杂的情况。

2. 租赁谈判

(1)租赁期。租赁期一般在两年以上为宜。租赁期太短,不利于企业的稳定经营。可把较长期的租赁作为条件争取租金优惠。

(2)租金。租金谈判是租赁中最重要的环节之一,应采取各种技巧争取最优惠的价格。鉴于好的商铺往往比较紧缺,有时可以租金为杠杆拿到自己理想的场地。

(3)押金和违约金。业主要求承租人交纳的押金通常与双方商定的违约金数额一致。在与业主洽商押金数额时,应主要考虑自己在租期未满退租时所能承受的违约代价。

(4)租金支付方式。押一付一(以一个月租金作为押金,每月付租金)较为理想,但业主往往要求以两个月以上的租金作为押金,并按一季度或半年预付租金。除了水、电、煤气等费用外,装修、物业、供暖费用都可以要求业主承担。小本创业者的启动资金预算一般受租金支付方式的影响较大。

(5)审核业主的产权文件。签订租赁合同之前,务必审核业主的产权文件,确保对方是产权方或拥有合法使用权,确保房屋的核准用途与企业的性质一致,并确定用业主提供的产权文件可以完成企业的注册手续。

(6)签订租赁合同。应当与业主签订书面的租赁合同,写入双方商定的一切租赁条款,以便在产生纠纷时依据合同进行维权。不能轻易相信口头上的任何租赁条件承诺。

3. 注意租赁陷阱

(1)与房屋核准的用途不符或房屋属违章建筑。有些业主将不能开办企业或开店的房屋出租,或将属违章建筑的房屋出租,导致创业者无法办理经营许可证。

（2）无合法产权。有的房屋出租方只有房屋的实际使用权,但无法提供可供办理工商注册手续的文件。如果没了解清楚就仓促签订租赁合同,甚至投入装修款,结果可能发现自己无法在该处合法经营。

（3）二房东转租未经过业主。有的房屋承租人未经业主许可,私自将承租房转租,这种租赁合同属于无效合同。这些二房东可能由于经营不善,想找一个接收的创业者,转嫁损失后一走了之。

（4）中介欺诈。黑中介的欺诈做法有:用未获得业主授权的房产进行中介交易;收取租房押金和定金后不交给房产业主;隐瞒房产的缺陷,在签约后拒不认账;等等。

课堂练习 3.5

如果你要在模拟城市开一家蛋糕店,请根据模拟城市提供的信息,进行经营地点选择。

模拟城市划分了东城、西城、南城、北城、中心城区五个城区,不同城区的居民及流动人口数有一定差异,居民对价格、广告、促销及服务的敏感度也是不同的,如表3-9所示。

表3-9　模拟城市不同城区的情况

城区	人口比例	房租	价格敏感度	广告敏感度	促销敏感度	服务敏感度
东城	20%	2.0万元/月	低	高	低	高
西城	22%	2.5万元/月	中	中	中	低
南城	14%	1.0万元/月	高	低	高	中
北城	17%	1.5万元/月	高	低	中	高
中心城区	27%	3.0万元/月	低	高	中	高

你选择的经营地点在＿＿＿＿＿＿＿＿＿＿＿＿＿＿＿＿＿＿＿＿＿＿＿＿＿＿＿。

请列举你选择该地点的理由,填入表3-10。

表3-10　选择该地点的理由

序　号	具　体　理　由
1	
2	

续 表

序 号	具 体 理 由
3	
4	
5	

总结案例

"蝌蝌啃蜡"

1927 年,上海街头悄然出现了一种饮料——"蝌蝌啃蜡"。它棕褐色的液体、甜中带苦的味道,以及打开瓶盖后充盈的气泡让不少人感到奇怪。古怪的味道,加上古怪的名字,这种饮料的销售情况自然很差。于是,这家饮料公司公开登报,以 350 英镑的奖金悬赏征求译名。最终,教授蒋彝击败了所有对手,拿走了奖金,这家饮料公司也获得了迄今为止被广告界公认翻译得最好的品牌名——可口可乐。它不但保持了英文的音译,还比英文更有寓意,最关键的一点是,无论是书面还是口头,它都易于传诵。这是可口可乐进入中国市场的第一步。

实训实践 3.2

了解企业注册流程及相关资料

1. 你为拟成立的企业选择的企业组织形式是_____。

2. 通过咨询本地工商部门或已经注册成立的企业的相关人员,了解你拟注册的这类企业的注册流程及需要准备的资料,填入表 3-11。

表 3-11 注册流程及相关资料

注 册 流 程	需 要 准 备 的 资 料

项目四

进行初创企业经营

学习目标

1. 了解产品或服务的开发策略和开发流程。
2. 掌握一定的产品或服务开发技巧,能进行产品或服务的开发。
3. 增强创新意识和竞争意识,具备关注市场需求变化的意识。

课前活动

时间:10分钟。

场地:教室。

道具:大白纸、马克笔。

活动步骤:

1. 全班同学分成几个小组,讨论:企业在开发一款新产品之前,要做哪些准备?
2. 把讨论结果写在大白纸上。
3. 每个小组派出一名同学进行阐述。教师对各组内容进行点评。

导入案例

云南白药的产品成长之路

云南白药秉承"将传统中药融入现代生活"的理念,以产品、创新与研发共同驱动,把云南白药从单一止血产品发展为涵盖大健康产业多个领域的庞大产业族群,打造出了气雾剂、创可贴、牙膏、养元青洗护等十多个销售额过亿元的产品,不断延长云南白药的品牌生命长度。

云南白药传承与创新的一个典型案例是牙膏。早年间,市面上的牙膏功能定位大多都是清洁、美白,但不少消费者存在牙龈出血、肿痛等问题,需要特意去医院挂号、就诊、买药,成本很高,这个需求痛点在一定时期内并未被市场上其他牙膏品牌捕获。在此背景下,云南白药创新研制出内含云南白药成分,具备牙龈止血、消除肿痛功能的牙膏品类,将传统中药与个人护理产品相结合,实现了企业发展的新突破。多年来,云南白药牙膏作为其健康品事业部的核心产品,为云南白药贡献了可观的利润,牙膏也被称为云南白药最有价值的品牌产品之一。截至2023年上半年,云南白药牙膏保持超过牙膏行业平均增长的态势,占据了 25% 的市场份额,继续保持行业领先。

　　围绕云南白药作为百年老字号中药企业的价值内核,云南白药根据医药产业发展方向和消费者需求变化趋势,让传统中药向个人护理和日化产业的纵深领域延伸,推出的中草药配方"以养防脱"的养元青头皮护理系列成功获取防脱育发发明专利和药监局特妆证书,目前发展迅速。养元青系列加入民族地区的中草药,是云南白药在新时期传承创新的又一力作。

一、产品(服务)的开发策略

　　产品(服务)开发策略是指在现有市场中为改良现有产品(服务)或开发新产品(服务)而采取的策略,其目的是扩大销售。产品(服务)开发策略是创业者对市场机遇与挑战、内部资源和能力方面的优势和劣势进行全面的、前瞻性的思考后做出的,是企业产品(服务)开发的路线图,指引产品(服务)开发的方向。

　　开发新产品(服务)可以是开发全新的产品(服务),也可以是在老产品(服务)的基础上做改进,如增加新的功能,改进产品的结构,简化操作,甚至改善外观、造型和包装,都可视为进行产品开发,都有可能收到意想不到的市场效果。

　　最常见的产品(服务)开发策略有四种:领先策略、跟随策略、补缺策略、延伸策略。

　　(一) 领先策略

　　领先战略是指企业在其他企业的新产品(服务)还未开发成功或还未投放入市场时,抢先开发新产品(服务)并投放入市场,使企业的产品(服务)处于领先地位,然后千方百计扩大战果,迅速扩大覆盖面的策略。

　　这种策略就是在激烈的市场竞争中采用新原理、新技术,优先开发出新产品(服务),从而捷足先登,占领市场中的制高点的策略。这类产品(服务)的开发多属于发明创造范围,采用这种策略,投资金额大,研究工作量大,新产品(服务)试验时间长,故而采用此种策略的企业须有一支人员素质高、实力雄厚的研发队伍,为企业提供外界不具备的科学技术成果,具有更强的开发新技术和运用新技术开发新产品的能力。

　　要做到领先,就要能够领导市场,而不是跟随市场。领先策略实质上是以进攻取胜、以奇制胜,关键在于要有敏锐的目光和敢于开拓的胆识,看到社会需求的新动向,选准制高点,果断出击。企业应该注意研究客户的心理,注意分析、预测市场趋势,才能抢先一步研制新产品(服务),激起客户的消费欲望,引导市场走向。

　　(二) 跟随策略

　　跟随策略是指企业在发现市场中刚崭露头角的畅销产品(服务)或竞争力强的产品(服务)后,不失时机地仿制,并组织力量将仿制产品(服务)及时地投入市场的策略。

　　采用这类策略的企业往往针对市场中已有的产品(服务)进行仿制或局部的改进和创新。这种企业紧跟既定技术的先驱者,以求用较少的投资得到成熟的定型技术,然后利用市场或价格方面的优势,在竞争中对早期开发者的商业地位进行侵蚀。

　　这种策略风险小,要求具备的科研技术水平不太高,在技术和经济上都比较稳妥。但是,采用跟随策略必须具备两个条件:一是对市场信息捕捉快、接收快;二是具备一定的应变能力和研究开发能力。这样才能及时地把仿制的新产品(服务)开发出来,投入市场。

(三) 补缺策略

任何一个企业都不可能满足市场的所有需求,因此在市场中总存在着未被满足的需求,这就为小企业或初创企业留下了一定的发展空间。

大企业往往会放弃盈利少、相对落后的产品,这必然会形成一定的市场空当。在我国,很多领域的市场都被几个大企业瓜分,似乎后来者已很难进入市场,但实际情况是,一些实力偏弱的小企业的中低档次的产品仍然销售得很好,在各大品牌产品的冲击下,仍能获得可观的市场份额。

补缺策略要求企业对市场中的现有产品(服务)及客户的需求进行详细的分析,从中发现尚未被占领的市场。技术、资金实力相对较弱的小企业可采用这种开发策略。

(四) 延伸策略

企业可增加每一产品品目内的品种数,即提升产品组合的深度,这样就扩展了自己企业的产品数量,可以推出适合更细分市场的系列产品。

例如,各牙膏厂商都推出了多种口味与香型的牙膏,这就构成了同一牙膏产品的延伸。

案例 4.1

娃哈哈的新产品开发策略

娃哈哈通过市场研究和消费者调查来了解消费者需求,并根据这些需求开发新产品。

1992 年,娃哈哈集团公司推出了第一个饮料产品——娃哈哈果奶。这一含乳饮料产品不断更新换代,由单一口味变为六种口味,又变成添加了维生素A、维生素D和钙质的"AD钙奶"。1998 年,公司为其添加了复合双歧因子及牛磺酸,推出"第二代AD钙奶"。1996 年,公司推出娃哈哈纯净水,获得巨大成功,当年成为全国市场占有率第一的产品;2000 年推出冰红茶、冰绿茶、有机绿茶、花草茶等茶饮料产品,进一步打开了市场空间;2005 年,营养快线横空出世,全面确立了娃哈哈的"饮料霸主"地位。

娃哈哈的跟随策略业内知名,其八宝粥、果汁饮料、绿茶等产品都属于典型的跟进型产品。这种方式能节省前期消费者教育的大量费用,减少市场风险,提高新产品成功率。在跟随中创新,在降低风险的同时又可以实现差异化创新,一箭双雕,这符合娃哈哈稳健发展的原则。

如今,娃哈哈已经从最初的单一业务扩展到了多元化发展的大格局,产品涵盖蛋白饮料、包装饮用水、碳酸饮料、茶饮料、果蔬汁饮料等 200 多个品种,打造了一条全面的产品线。2024 年 7 月 5 日,由广西旅游协会、娃哈哈集团主办的"壮美广西,好山好水"广西山水行瓶装水新品发布会在南宁举办。广西旅游协会与娃哈哈合作推出娃哈哈广西山水行瓶装水,利用产品包装宣传广西美景,并在瓶身上增加了"一键游广西"图标,方便游客更快捷地获取景点信息,享受优惠门票。

在产品开发策略上,娃哈哈坚持"合理领先,适度创新"的原则,坚持"领先半招,小步快跑"式的创新。娃哈哈的创始人认为,创新要把握时机,要与企业自身的实际情况相结合,不能太超前,否则别人不能接受,容易造成资源浪费,但也不能太迟钝,否则会永远落后于人,快半步就够了。

课 堂 练 习 4.1

1. 在上面的案例中,娃哈哈采用了怎样的产品开发策略?填入表4-1。

表4-1 娃哈哈的产品开发策略

序 号	产 品 开 发 策 略
1	
2	
3	

2. 请思考你自己的创业项目中,各类产品(服务)应采取何种开发策略,填入表4-2。

表4-2 创业项目中产品(服务)应采取的开发策略

序 号	产品(服务)名称	开 发 策 略
1		
2		
3		

二、产品(服务)的开发流程

产品(服务)开发是一项相当复杂的工作,从根据用户需要提出设想到产品(服务)被投入市场要经历许多阶段,因此必须按照一定的程序开展工作,才能使产品(服务)开发工作协调、顺利地进行。

由于行业的差别和产品(服务)的不同特点,产品(服务)开发经历的阶段和具体内容并不完全一样。通常,产品(服务)开发需要经历以下阶段,如图4-1所示。

```
┌──────┐    ┌──────┐    ┌──────┐    ┌──────┐    ┌──────┐
│ 调查 │ ─▶ │ 构思 │ ─▶ │产品(服务)│ ─▶ │产品(服务)│ ─▶ │ 测试与│
│ 研究 │    │ 创意 │    │  设计  │    │  试制  │    │ 评价 │
└──────┘    └──────┘    └──────┘    └──────┘    └──────┘
```

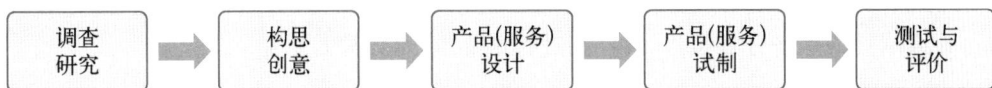

图 4-1　产品(服务)开发的各个阶段

（一）调查研究阶段

开发新产品(服务)的目的是满足社会和用户的需要。用户的要求是产品(服务)开发决策的主要依据,为此必须认真做好调查工作。这个阶段主要是提出新产品(服务)构思,新产品(服务)的原理、结构、功能、材料等方面的开发设想和总体方案。

（二）构思创意阶段

新产品(服务)开发是一种创新活动,产品(服务)创意是开发新产品(服务)的关键。在这一阶段,要根据通过调查掌握的市场需求情况及企业自身条件,充分考虑用户的使用要求和竞争对手的动向,有针对性地提出开发新产品(服务)的设想和构思。产品(服务)创意对新产品(服务)能否开发成功有至关重要的意义和作用。

产品(服务)创意的形成包括三个环节:产品(服务)构思、构思筛选和概念形成。

1. 产品(服务)构思

产品(服务)构思是在市场调查和技术分析的基础上,提出新产品(服务)的构想或有关产品(服务)的改良建议的活动。

2. 构思筛选

并非所有的产品(服务)构思都能发展成为新产品(服务)。有的产品(服务)构思可能很好,但与企业的发展目标不符合,企业也缺乏相应的资源条件;有的产品(服务)构思本身就不切实际,缺乏开发的可能性。因此,必须对产品(服务)构思进行筛选。

3. 概念形成

经过筛选后的构思仅仅是设计人员头脑中的概念,离成为产品(服务)还有相当大的距离,还需要形成能够为用户所接受的具体的产品(服务)概念。产品(服务)概念的形成过程实际上就是构思与用户需求相结合的过程。

（三）产品(服务)设计阶段

产品(服务)设计是指从明确概念起到确定产品(服务)为止期间的一系列工作,是产品(服务)开发的重要环节,应遵循"三段设计"程序。

1. 初步设计

这一阶段的主要工作就是编制设计任务书,将之作为新产品(服务)的设计依据。

这一阶段应正确地确定产品(服务)的最佳总体设计方案、设计依据、用途及使用范围、基本参数及主要技术性能指标、工作原理、关键技术解决办法、关键元器件、特殊材料资源等,对新产品(服务)设计方案进行分析、比较,研究产品(服务)的性能,通过对不同结构原理和系统的比较分析选出最佳方案。

2. 技术设计

技术设计阶段是新产品(服务)的定型阶段,应在初步设计的基础上完成设计过程中必需的研究试验,并写出研究试验报告。以产品设计为例,要画出产品总体尺寸图、产品主要部件图,对产品中造价高、结构复杂、数量多的主要部件的结构、材质精度等进成本与功能的分析,并编制技术经济分析报告,对产品进行可靠性、可维修性分析。

3. 工作图设计

工作图设计的目的是在技术设计的基础上完成供试制用的全部工作图样和设计文件。设计者必须严格遵守有关标准规程和指导性文件的规定,设计、绘制各项产品工作图。

(四) 产品(服务)试制阶段

产品(服务)试制阶段又分为样品试制阶段和小批试制阶段。

1. 样品试制

这一阶段的目的是考核产品设计质量,考验产品结构、性能及主要工艺,验证和修正设计图纸,使产品设计基本定型,同时也要验证产品结构工艺性,审查主要工艺上存在的问题。

2. 小批量试制

这一阶段的工作重点在于工艺准备,主要目的是考验产品的工艺,验证它在正常生产条件下能否保证达到所规定的质量和经济效果。

(五) 测试与评价阶段

试制后,应对样品进行测试和评价,然后才能得出全面结论,投入正式生产。

产品(服务)测试是将产品(服务)样品或产品(服务)成品提供给用户,由用户根据自己的想法对产品属性进行评价,以系统地获得用户的意见和建议的活动。在这个阶段,要验证产品(服务)是否符合规划时所确定的定义和描述,判断产品(服务)能否让用户快速接受和使用,确定产品(服务)能否满足目标用户的需求。

现在,测试与评价已成为所有企业关注的流程。不但大多数新产品(服务)在上市前都会进行测试与评价,而且即使在产品(服务)发展初期,只有原始模型的时候,也会进行测试与评价。测试与评价的目标是使产品(服务)的属性、特征最优化,从而吸引用户,此外,它还可以帮助企业确定定位策略,将产品(用户)特征转化成显著的用户利益。

测试与评价一般分为四个阶段。

1. 测试前准备

产品测试人员根据测试目的编写测试脚本,内容包括对操作的便利性、产品(服务)的属性的评价等,并设计用户体验测试的场景。然后进行用户招募和筛选,一般需要多个用户代表,注意一定要选择正确的目标用户,即产品的最终使用者或潜在使用者。

2. 用户沟通

向用户介绍测试目的、时间、流程等,注意一定要简要介绍。如详细介绍,一方面用户可能会不耐烦,另一方面可能会干预用户的自主使用,无法达到准确收集用户反馈的目的。此外,让用户签署保密协议非常重要。因为产品(服务)尚未正式上市,保守商业秘密是必须的。

3. 进行测试

测试流程一般有四步:第一步,让用户自己体验,尽可能边体验边说出自己的想法和感受;第二步,观察用户的体验过程,特别注意观察用户的肢体语言,比如视线运动轨迹、手部动作等;第三步,收集用户反馈,可以进行集中访谈;第四步,向用户致谢,这些人今后很可能成为你的用户,或成为帮助你宣传产品的粉丝。

4. 总结评价

设计人员及时总结用户的反馈,形成用户体验报告,并提出产品(服务)的改进建议。创业者根据测试报告决定下一步的行动,并指定解决关键问题的负责人。

测试过程(中间可能伴随需求和开发的不断修改)会产生部分成本,用户体验测试也不例外。考虑到实际收益,用户体验测试的设计需要慎之又慎,需要对测试的目的、介入时间、周期、场景、人员的选择做出深入的分析和界定。

案例 4.2

新可乐的失败

20世纪80年代,可口可乐在饮料市场中的领导者地位受到了挑战,在市场中的增长速度从 13% 下降到 2%。与此同时,百事可乐却创造了令人瞩目的奇迹。百事可乐首先提出"百事可乐新一代"的口号,在第一轮广告攻势大获成功之后,继续强调百事可乐的"青春形象",又展开了号称"百事挑战"的第二轮广告攻势。在这轮攻势中,百事可乐大胆地对顾客口感测试进行了现场直播,即在不告知参与者在拍广告的情况下,请他们品尝各种没有品牌标志的饮料,然后说出哪一种口感最好。百事可乐公司的这次冒险成功了,几乎每一次试验后,品尝者都认为百事可乐更好喝,这使百事可乐的市场份额从 6% 猛升至 14%。

可口可乐公司也立即组织了口感测试,结果与"百事挑战"一样,人们更喜爱百事可乐的口味。市场调查部的研究也表明,可口可乐独霸饮料市场的格局正在转变为可口可乐与百事可乐分庭抗礼的格局。面对百事可乐的挑战,1980年5月,可口可乐宣布,对公司来说,改革已迫在眉睫,人们必须接受。证据表明,味道是导致可口可乐衰落的重要因素,已经使用了99年的配方似乎已经不能满足当时消费者的口感要求了。

可口可乐公司在研制新可乐之前秘密进行了市场调查,派出2 000名市场调查员在10个主要城市调查顾客能否接受一种全新的可口可乐。调查结果表明,只有10%的顾客对新口味的可口可乐表示不安,一半顾客表示会适应新的可口可乐,这表明顾客愿意尝试新口味的可口可乐。但是另外一些测试提供了相反结果,认为顾客表现出了强烈的反对情绪。

1984年9月,可口可乐公司技术部门决定开发出一种全新口感的可口可乐,并且最终拿出了样品。这种新可乐更甜,气泡更少,是一种带有柔和刺激感的新饮料。公司立即对它进行了无标记味道测试,测试的结果令可口可乐公司兴奋不已:顾客对新可乐的满意度超过了百事可乐。市场调查人员认为,这种新可乐可以将可口可乐的市场占有率推高 1%~2%,这就意味着将增加 2 亿~4 亿美元的销售额。调查研究的结果似乎证明,支持新配方是不容置疑的了。

1985年4月23日,可口可乐公司董事长宣布,可口可乐决定放弃一成不变的传统配方,推出新一代可口可乐。为了介绍新可乐,他们举行了一次记者招待会。大约有

200家报社、杂志社和电视台的记者出席了记者招待会,但他们中的大多数人并不信服新可口可乐的优点,报道持否定态度。新闻媒体的这种怀疑态度加剧了公众拒绝接受新可乐的心理。

消息迅速传播开来。在新可乐上市4小时之内,公司接到抗议更改可乐口味的电话多达650个。5月中旬,批评电话每天多达5 000个,6月上升为8 000多个。由于媒体的煽动,怒气迅速扩展到全国。在那个季度,可口可乐公司收到的反对信件超过4万封。在西雅图,一些激进者成立了"美国老可口可乐饮用者"组织,威胁可口可乐公司,如果不按老配方生产,就要提出控告。在美国各地,人们开始囤积已停产的老可口可乐,导致这一"紧俏饮料"的价格一涨再涨。在7月的销售额没有像公司预料的那样增长以后,经销商纷纷要求供应老可口可乐。

新可乐面市三个月后,其销量仍不见起色,公众的抗议却愈演愈烈。最终,可口可乐公司决定恢复传统配方的生产。当月,可口可乐的销量同比增长了8%,股价攀升到12年来的最高点,但是可口可乐公司已经在这次行动中遭受了巨额的损失。

课 堂 练 习 4.2

在案例4.2中,你认为新可乐失败的主要原因是什么? 在新可乐的开发过程中存在什么问题? 分别填入表4-3、表4-4。

表4-3 新可乐失败的主要原因

序 号	新可乐失败的主要原因
1	
2	
3	

表4-4 新可乐开发过程中的问题

序 号	新可乐开发过程中的问题
1	
2	
3	

三、产品(服务)的开发技巧

(一) 研究消费者的购买动机

为了避免产品(服务)做出来后没有人愿意买,必须在研究消费者购买动机上下功夫。产品(服务)开发要明确消费者"为什么购买"。

购买动机是指为了满足一定需要而做出购买行为的欲望或意念。购买动机是直接驱使消费者进行购买的内部动力,反映了消费者心理、精神和感情上的需求。在现实生活中,每个消费者的购买行为都是由其购买动机引发的。购买动机通常分为三大类。

1. 本能动机

人类为了维持和延续生命,有饮食、行止、作息等生理本能。由生理本能引起的动机叫作本能动机,具体表现形式有维持生命动机、保护生命动机、延续生命动机等。本能动机推动下的购买行为具有经常性、重复性和习惯性的特点。

本能动机下购买的商品大都是供求弹性较小的日用必需品。例如为解除饥渴而购买食品、饮料,为抵御寒冷而购买服装鞋帽等。

2. 心理动机

人们的认识、情感、意志等引起的行为动机叫作心理动机,具体包括以下几种。

(1) 情绪动机。情绪动机是人的喜、怒、哀、欲、爱、恶、惧等情绪引起的动机。例如,为了增添欢乐气氛而购买音响,为了过生日而购买蛋糕和蜡烛等。这类动机常常是在外界刺激下形成的,所购商品并不是生活必需品或急需品,事先也没有计划或考虑。情绪动机推动下的购买行为具有冲动性、即景性的特点。

(2) 情感动机。情感动机是道德感、群体感、美感等人类高级情感引起的动机。例如,爱美而购买化妆品,为交际而购买馈赠品等。这类动机推动下的购买行为具有稳定性、深刻性的特点。

(3) 理智动机。理智动机是建立在人们对商品的客观认识之上,经过比较、分析而产生的动机。这类动机下,个体对欲购商品有计划,经过深思熟虑,购前做过一些调查研究。例如,看重品质的消费者经过对质量、性能、保修期的比较分析,决定购买某种电冰箱。理智动机推动下的购买行为具有客观性、计划性和控制性的特点。

(4) 惠顾动机。惠顾动机是指基于情感与理智的经验,对特定的商店、品牌或商品产生特殊的信任和偏好,重复地、习惯地购买的动机。如有的消费者长期使用某种牌子的牙膏,有的消费者总是到某几个商店去购物等。这类动机推动下的购买行为具有经验性和重复性的特点。

3. 社会动机

人们的动机和行为不可避免地会受社会的影响。这种后天的、由社会因素引起的行为动机叫作社会动机。社会动机主要受社会文化、社会风俗、社会阶层和社会群体等因素的影响,是后天形成的动机,一般可分为基本的和高级的两类。社交、归属、自主等意念引起的购买动机属于基本的社会动机,成就、威望、荣誉等意念引起的购买动机属于高级的社会动机。

同时,每个人的购买动机又都会受个人因素,包括性别、年龄、性格、气质、兴趣、爱好、能力、修养、文化等的影响。明了目标用户的购买动机,就可以投其所好,精确地规划产品的功能、样式等。

案例 4.3

杯子的不同价值

消费者购买产品时,除了注重产品本身的使用价值,往往还注重感觉、文化、期望、尊严、地位等象征性的意义。这就是购买动机产生的作用。同样是杯子,功能、结构、作用等都相同,但可以针对消费者不同的购买动机赋予其不同的价值。

第一种卖法:卖使用价值

如果将其仅仅当作一只普通的杯子,放在普通的商店里,用普通的方法销售,它最多只能卖 3 元。这就是没有价值创新的结果。

第二种卖法:卖文化价值

如果将它设计成今年最流行款式的杯子,杯子就包含了文化元素。冲着它的文化价值,消费者愿意多付一些钱。这就是产品的文化价值创新。

第三种卖法:卖品牌价值

如果将杯子贴上品牌的标签,其价格就会大幅上升。不少消费者愿意为品牌付钱,这就是产品的品牌价值创新。

第四种卖法:卖组合价值

可以将三个杯子组合成一个套装,一个叫"父爱杯",一个叫"母爱杯",一个叫"童心杯",给套装起名叫"我爱我家"。这就是产品组合价值创新。

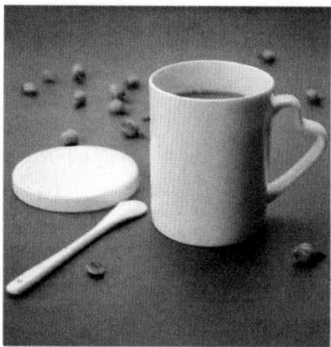

第五种卖法:卖延伸功能价值

可以为杯子增加磁性材料,增加磁疗保健功能,推销给注重养生的消费者。这就是产品的延伸价值创新。

第六种卖法:卖包装价值

可以为杯子设计精美或豪华的包装,使其成为馈赠、纪念品。这就是产品的包装价值创新。

(二)进行差异化开发

现在市场竞争越来越激烈,企业不可能在各方面都有优势,初创企业更是竞争力弱,在人才、技术、管理等方面都存在不足,因此开发产品(服务)不能追求方方面面都领先,要考虑进行差异化开发。产品(服务)差异化开发是指让产品(服务)在质量、款式、性能、服务等方面与市场上的产品(服务)形成差异。

产品的差异化可以通过两个简单的方式来实现。

1. 外观设计

通过外观设计来改变产品是企业以最低的成本实现产品差异化的方式。产品外观要有特色,有一个好的外观设计,就会起到意想不到的效果。

2. 产品体验

可以靠用户体验实现产品的差异化。在产品操作方式、操作界面、操作细节等交互方面进行优化设计,为用户带来全新的使用体验。

(三) 寻找突破点

要想产品(服务)在市场中突围,最佳方式是找到产品(服务)的突破点,在某些方面超出预期,让用户感到惊喜。找到突破点在当今的互联网时代有相当重要的作用,用户感到喜出望外,就很可能主动去传播,而口碑传播能快速带来更多的用户。

案例 4.4

海底捞的服务

海底捞从四川出发,先后登陆北京、上海、西安、郑州、天津、南京、杭州、深圳、厦门、广州等城市,并且将发展的目光瞄准海外市场,成功地在新加坡、美国开设了海外直营店,其中的秘诀就在于将服务作为突破口。

海底捞将顾客的就餐环节分为餐前、餐中、餐后,并提供用心的服务。消费者在海底捞能够享受的服务有代客泊车、擦车、擦鞋、美甲等,在餐前等位时,还可以免费品尝海底捞的零食。海底捞还为不同的消费者提供围裙、手机袋、眼镜布、橡皮筋、发卡、靠垫、玩具等物品。每桌都配有一名服务员,帮助消费者搭配酱料、添菜,从就座到离席,服务员都会在旁边服务。

课 堂 练 习 4.3

请比较海底捞和其他火锅店,思考海底捞在哪些方面找到了突破点,满足了客户什么方面的需求,填入表4-5。

表4-5 海底捞服务的突破点

序　号	海底捞服务的突破点	满足了顾客哪方面的需求
1		
2		
3		

总结案例

小米的参与感

　　小米为了构建一个和用户共同成长的品牌,总结出了三个战略和三个战术,即参与感三三法则。三个战略即做爆品(产品战略)、做粉丝(用户战略)、做自媒体(内容战略),三个战术即开放参与节点、设计互动方式、扩散口碑事件。

　　除了工程代码编写部分,其他的产品需求、测试和发布都被开放给用户。小米通过MIUI论坛构建了一个10万人的开发团队,许多MIUI的功能设计,小米都是通过论坛交由用户讨论或投票确定的。

　　用户每天都在论坛里面提交需求,怎么排列这些海量碎片化需求的优先级? 小米的方法是:首先,优先处理浮出水面的需求;其次,第一时间公示需求改进计划;最后,建立碎片化的团队结构。对于不适合对外发布的需求,就动用内部员工来测试。企业可以通过用户的意见而不断完成产品更新迭代,用户也可以拿到自己喜欢的产品。基于用户参与的机制,小米收获了令人吃惊的增长速度。

　　在移动互联网环境下,用户真正需要的产品是能让自己有参与感并能带来愉悦的产品。不再关注产品能为"我"做什么,而是关注"我"用这个产品做什么;不再是产品第一,而是"我"第一。小米将参与感融入公司的产品、品牌、服务、设计、媒体传播中,很好地体现了用户至上、体验为王的服务理念。

实 训 实 践 4.1

产品设计构思

　　同学们自由分组,每组以4~6人为宜。以小组为单位,初步确定一个创业项目,为其设计产品(服务)开发思路,并形成产品(服务)设计计划和用户体验测试方案。每组派一名代表,向全班同学介绍本小组的创业项目。

1. 产品(服务)开发思路

2. 产品(服务)设计计划(表4-6)

表4-6　产品(服务)设计计划

产品(服务)设计构思	
针对的消费者购买动机	
与主要竞争对手产品(服务)的差异	
产品(服务)的突破点	
使用的创新方法	

3. 用户体验测试方案(表4-7)

表4-7　用户体验测试方案

选择的测试者	
测试场景	
测试内容	
测试流程	

任务二　进行营销管理

学习目标

1. 理解营销及其核心概念。

2. 掌握确定市场营销策略 4P 组合和开展网络营销的方法,能有效针对创业项目开展营销活动。

3. 树立市场营销观念,理解市场营销的重要意义。

课前活动

时间:15分钟。

场地:教室。

道具:大白纸、马克笔。

活动步骤:

1. 全班同学分成几个小组,假定每组是一家手机企业,小组讨论如何把手机卖出去。

2. 把讨论结果写在大白纸上进行展示,每组派出一名同学进行阐述。

3. 教师对各组表现进行点评。

导 入 案 例

海尔的市场营销策略

海尔根据自己的目标与市场的特点进行合理的组合搭配,形成了适合本企业发展的最佳营销策略组合,主要包括四个层面。

产品策略——创新:海尔在产品开发上建立了"从市场中来,到市场中去"的环形开发机制,将科技创新与市场紧密结合,并在此基础上进行新一轮的产品开发。

价格策略——价值战:海尔对产品的定位做到优质优价,不以价格作为卖点,而是以高科技含量、使用简单、多功能一体化的产品和完善的售后服务等为人们带来高品质、高享受的生活。

渠道策略——多元化:海尔的销售渠道从初期依靠商场销售到店中店建设,再到建设自己的品牌专卖店,迅速提升了海尔品牌的信誉度和知名度。

促销策略——社会化:面对不断变化的社会经济环境和新的市场竞争形势,海尔把营销对象定位从消费者扩大到社会公众,力求针对社会公众传播、维护和完善企业的形象。

一、认识市场营销

市场由一切有特定需求或欲望,并且愿意和可能从事交换来使需求和欲望得到满足的潜在消费者组成。一般来说,市场有两种含义,一是商品交换的具体场所,二是买卖双方交换关系的总和。市场是由买卖双方,即需求和供给两个方面构成的。现代市场经济中的市场是由多个流程连接而成的。生产商到资源市场中购买资源,将其转换成产品和服务之后卖给中间商,再由中间商出售给消费者;消费者到资源市场中出售劳动力而获取货币,来购买产品和服务;政府从资源市场、生产商及中间商处购买产品,支付货币,再向这些市场征税及提供服务。因此,国家经济及世界经济都是由交换过程连接而形成的复杂的、相互影响的各类市场组成的。

学者从不同角度对市场营销下了不同的定义。

菲利普·科特勒教授认为,市场营销是个人或组织通过创造并同他人或组织互换产品和价值以获得其所欲之物的社会过程。美国市场营销协会则定义,市场营销是对思想、产品及劳务进行设计、定价、促销及分销的计划并加以实施,从而完成满足个人和组织目标的交换的过程。

4P营销理论是最重要的市场营销理论之一。4P营销理论是随着营销组合理论的提出而出现的,指出市场需求或多或少地受四个营销要素的影响。1960年,杰罗姆·麦卡锡教授将这些要素概括为产品(product)、价格(price)、渠道(place)、促销(promotion)。

案例4.5

农夫山泉的营销策略

农夫山泉是我国知名的矿泉水品牌,其通过独特的市场营销策略,成功在竞争激烈的饮料市场中占有一席之地。

产品创新:为满足不断变化的市场需求,农夫山泉不断推出新品,如各类功能性饮品,并进行瓶身设计创新,保持品牌在市场中的新鲜感。

"纯净"形象:农夫山泉一直强调"纯净""天然"的形象,通过广告和包装展示水源的清澈和纯净。这一形象既契合了现代人对健康的追求,也巧妙地区别于其他饮料品牌。

独特的包装设计:农夫山泉在包装设计上下足功夫,采用简约大方的设计,突出了品牌的"纯净"形象。

代言人和广告:农夫山泉曾邀请明星作为品牌代言人,通过明星效应提高品牌知名度。此外,其广告制作常常采用情感化、富有故事性的手法,使品牌更贴近消费者的生活。

社交媒体营销:农夫山泉积极开展社交媒体营销,通过微博、微信等平台与消费者互动,分享健康生活方式等方面的内容,增强品牌与消费者的互动关系。

二、产品策略

(一) 什么是产品

产品是指能被提供给市场,用于满足人们某种需求的东西。从管理营销的角度来看,产品应该包括五个层次(图4-2)。

第一,核心产品指产品能提供给消费者的基本效用和利益,这是最基本和实质性的内容。

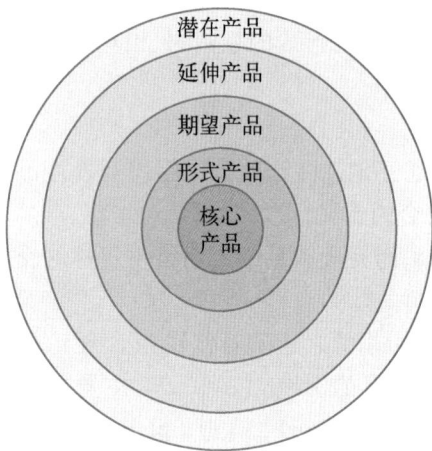

图 4-2　产品的五个层次

第二,形式产品是核心利益借以实现的形式,是向市场提供的产品实体和服务形象。

第三,期望产品是消费者购买产品时通常默认该产品具备的属性和条件。

第四,延伸产品包括各类与形式产品相关的、消费者需要的服务和辅助产品,它们能把企业提供的东西与竞争对手提供的东西进一步区别开来。

第五,潜在产品指的是在将来该产品可能会具有的特性,指出了它今后可能的演变趋势。

（二）产品组合

产品组合是指企业生产经营的各种产品的有机构成和数量的比例关系,即企业根据自身实力确定的产品结构或经营的产品范围,如图 4-3 所示。

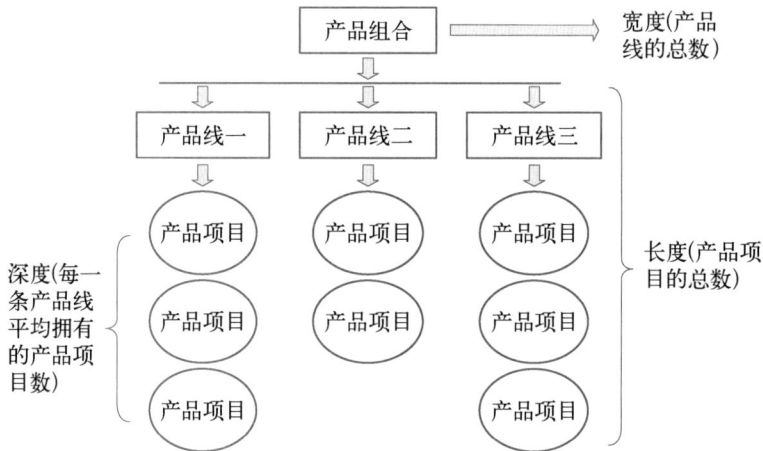

图 4-3　产品组合

1. 产品项目

产品项目是具有相同用途的一组产品。不同的消费者在购买产品时可能会在款式、规格、颜色和价格等方面存在不同要求,这样企业就会在设计和生产这类产品时刻意做出这些差别,满足不同消费者的需求。

2. 产品线

某一类基本用途相同而在款式、规格、颜色和价格等方面存在明显差别的产品项目组合而成的整体称为产品线。

3. 产品组合

一个企业无论有多少个产品项目,或是有多少条产品线,它的产品组合都只有一个。企业的产品组合是企业对向社会做出的在一定时期内能满足多少种不同需求的承诺的实际履行结果。

要想更加完整地描述企业产品组合的特征,可以用宽度、长度、深度和关联度来进行描述。

(1) 产品组合的宽度是指企业经营的全部产品线的数目。

(2) 产品组合的长度是指企业经营的所有产品项目的总数。

(3) 产品组合的深度是指企业经营的每一条产品线中平均拥有的产品项目的数目。

(4) 产品组合的关联度是指各条产品线在最终用途、生产条件和销售方式等方面的关联程度。

(三) 产品组合策略

产品组合并非一旦确定就固定不变的,企业必须根据市场需求、竞争的变化及目标市场营销策略的调整等改进自己的产品组合。

1. 产品延伸策略

从总体上看,每个企业的产品线都只会占据整个市场的一部分。如果企业超出现有的范围来增加它的产品线长度,这就叫作产品延伸。企业可以向下或向上扩展其产品线,或同时向两个方向扩展。

(1) 向下延伸策略。创业者对目标市场展开全面的调查分析后发现,在中低端产品市场中存在更多的机会,或者是发现高端产品的竞争逐渐趋于激烈,于是决定从该产品线的高端产品向中低端产品扩展。

(2) 向上延伸策略。在进入目标市场时,企业的市场定位是好用但廉价的产品的提供者。但在一段时间后,企业的资源与能力非昔日可比,创业者便会产生从低端产品向高端产品发展的想法。

(3) 双向延伸策略。企业的市场定位为生产"比高端价廉,比低端物美"的中端产品,随着时间的推移可能会决定朝上、下两个方向延伸。

2. 产品削减策略

产品线管理者必须定期检查每个产品项目的市场销售情况。产品削减的原因有两个。

(1) 产品线的市场销售业绩出现滑坡。营销管理人员应该及时对产品线上每个产品项目的市场销售状况展开分析。对于那些销售业绩下降并导致亏损的产品,应该考虑削减。

(2) 企业在资源上捉襟见肘时,应该考虑将资源集中于能产生最大效益的产品项目上。营销管理者应该本着"两利相比取其长"的原则,对比产品线上各个产品项目的盈利能力和市场需求的发展潜力,寻找最有利的发展方向。

(四) 产品生命周期

每一种产品都有研制、生产、投放市场、被市场接受和被市场淘汰的过程。一种产品从投放市场开始一直到被市场淘汰为止的整个阶段,称为该产品的生命周期(图4-4)。

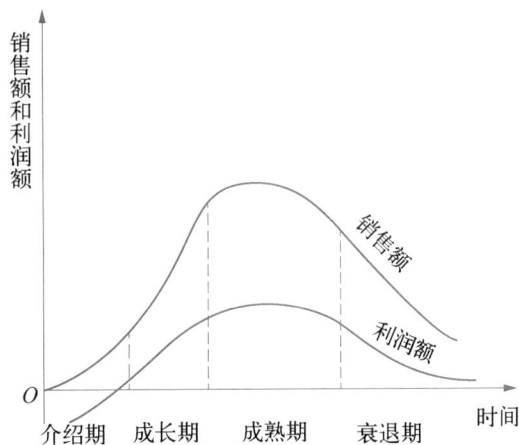

图 4 - 4　产品生命周期

1. 产品生命周期各阶段的特征

产品市场生命周期分为介绍期、成长期、成熟期和衰退期四个阶段,在各阶段体现出不同的特征(表4-8)。

表4-8　产品生命周期各阶段的特征

阶　段	企　业　情　况	市　场　环　境
介绍期	生产不稳定,批量小,生产成本高,利润低或亏损,销售费用高,产品品种少	熟悉产品者少,需求有限,销售渠道不畅,竞争者少
成长期	产品基本定型,生产批量化,成本降低,销售快增,利润达到最高	营销渠道增多,市场占有率提高,竞争者进入,价格开始下降
成熟期	产品定型,研制新品,销售额达到最高后下降,促销费用上升,利润下降	消费需求开始转移,营销渠道基本定型,竞争激烈,产品项目增多,价格低
衰退期	销售额迅速下滑,利润极低或亏损,价格显著下降	消费需求减少,竞争者退出,促销作用不显著,价格最低

2. 产品生命周期各阶段的营销策略

(1) 介绍期的营销策略。

对介绍期的产品,企业应该采用的策略如下。

① 利用优惠、免费等方式增大顾客试用的可能性。

② 利用原有品牌提高新产品的吸引力,通过各种媒体对产品的优点进行宣传,提高产品知名度。

③ 争取中间商的支持,给予其优惠或资助,提高产品向顾客方向推介和传递的速度。

(2) 成长期的营销策略。

成长期营销策略的根本目标是追求更加持久、稳定的市场销售和利润增长率。可供企业选择的营销策略有以下几种。

① 市场和利润拓展策略。深入了解顾客需求,进一步进行市场细分,寻找新的市场。

② 产品策略。提高产品质量,并改进产品的性能、样式及包装等,增强产品的竞争力。

③ 促销策略。广告宣传从介绍产品转为宣传产品特色,树立产品形象,争取创立名牌,使顾客产生偏爱。

④ 价格策略。在扩大生产的基础上,对价格较高的产品,应选择适当时机降低价格,以应对竞争对手的进入。

⑤ 分销渠道策略。调整企业的分销渠道,提高分销效率,选择新的销售模式,使之更加有效地完成传递产品、信息的任务。

(3) 成熟期的营销策略。

在这一阶段,企业应当努力延长成熟期,在竞争中确保市场占有率的稳定。这期间可供企业选择的策略有以下三种。

① 改革产品。通过产品本身的改变来吸引有不同需求的顾客。对产品的改革包括三种方式：品质改善、样式改善和特性改善。

② 改革市场。这种策略是要拓展新的顾客群,可采取不同的产品策略、品牌策略、分销渠道策略和促销策略。

③ 改变原有的营销手段。如调整产品价格、改变产品包装、完善售后服务、扩展销售网点、增加广告费用和推销人员等。

（4）衰退期的营销策略。

产品进入衰退期时,创业者必须认真研究产品在市场中的地位,然后决定是否继续经营。企业应有计划、稳步地撤退老产品,同时有目的、有步骤地开发新产品。这一时期企业可以选择以下营销策略。

① 持续经营策略。由于众多竞争对手纷纷退出市场,经营者减少,处于有利地位的企业可以暂不退出市场,保持产品传统特色,用原有的价格、渠道和促销手段,继续在原有市场中开展营销活动。

② 集中策略。简化产品线,缩小经营范围,把企业的人力、物力、财力集中起来,生产获利水平更高的产品,利用效率更高的分销渠道,在更具发展前景的目标市场中开展营销活动,以获得较多的利润。

③ 榨取策略。在一定时期内,不主动放弃旧产品的生产,而是大幅度地降低促销费用,努力降低各类成本。

④ 放弃策略。一般来说,企业继续保留旧产品的代价是巨大的,若经过准确判断,产品无法再给企业带来预期的利润,就应采取放弃策略。

⑤ 转移策略。地理、文化、经济的差异会导致市场需求的巨大差异,在一个市场中处于衰退期的产品在另一个市场中很可能处于介绍期、成长期或是成熟期,企业可以根据市场需求的差异适时地进行产品的市场转移。

课堂练习 4.4

1. 表 4-9 中是某企业的产品组合。根据该企业的产品布局,思考以下两个问题。

表 4-9　某企业产品组合

类　型	内　容
居室家电	冰箱、波轮洗衣机、滚筒洗衣机、家用空调、冷柜
厨卫家电	电热水器、微波炉、抽油烟机、燃气灶、洗碗机、消毒柜、燃气热水器
小家电	吸尘器
视听产品	彩电、投影仪

类　型	内　容
数码产品	智能手表、手环、U 盘
通信产品	手机
计算机	台式机、笔记本
商用电器	商用空调、冷冻冷藏设备
家用	整体厨房、整体卫浴

（1）该企业有几条产品线，分别是什么？填入表 4-10。

表 4-10　某企业产品线

产品线	具　体　说　明

（2）该企业产品组合的长度、深度各是多少？

2. 请先阅读材料，然后回答以下两个问题。

派克品牌的向下延伸

早年，派克钢笔质优价贵，是身份和体面的标志，许多社会上层人物都喜欢带一支派克钢笔。然而，1982 年新总经理上任后，把派克品牌用于每支售价仅 3 美元的低档笔上。结果，派克公司非但没有顺利打入低档笔市场，反而丧失了一部分高档笔市场，其市场占有率大幅下降。

（1）产品延伸策略包括哪几种？

（2）派克新任总经理采取的是哪种产品延伸策略？这种策略会使企业面临什么风险？

三、价格策略

产品价格的制定是一个科学且有序的过程，需要全面考虑。

（一）选择定价目标

价格水平的高低是根据一定的目标而确定的。定价目标可分为利润目标、市场占有率目标和竞争目标。

1. 利润目标

利润是企业从事经营活动的主要目标，也是企业生存和发展的动力源泉。利润目标即追求利润最大化的定价目标。

2. 市场占有率目标

市场占有率目标是企业以巩固和提高产品的市场占有率为目的，为维持或扩大产品在目标市场中的销售量而制定的目标。

3. 竞争目标

当企业具有较强的实力，在行业中居于领导者地位时，其定价目标主要是对付竞争对手或遏制竞争对手。

（二）影响价格的因素

1. 内部因素

影响企业定价的内部因素是指企业能够有效调整和控制并对价格变动有一定影响的因素，主要包括定价目标、产品成本、产品差异性和企业的销售能力。

2. 外部因素

外部因素通常是指影响企业定价水平，而企业无法对其进行调整和控制的因素。外部因素主要包括市场和需求的性质、政府的力量和竞争对手的力量。

（三）选择定价方法

1. 成本导向定价法

成本导向定价法是以企业的生产或经营成本作为制定价格的依据的定价方法。完全成本定价法是常用的成本导向定价法，即在产品成本的基础上加上一定的目标利润而制定产品价格的方法。

2. 需求导向定价法

需求导向定价法是以顾客对产品价格的接受能力和需求程度为依据制定价格的方法。它不以企业的生产成本为定价的依据，而是在预计市场能够容纳目标产销量的需求价格限度内，确定顾客价格、经营者价格和生产价格。这类定价方法一般可分为可销价格倒推法、理解价值定价法和需求差异定价法。

3. 竞争导向定价法

竞争导向定价法是以竞争对手产品的价格作为制定企业同类产品价格主要依据的方法。这种方法适宜市场竞争激烈而供求变化不大的产品，可以在价格上排斥对手，提升市场占有率。这类定价方法一般可分为随行就市定价法、竞争价格定价法和投标竞争法。

（四）企业定价策略

1. 产品组合定价策略

（1）产品线差别定价策略。当企业生产的系列产品存在需求和成本的内在关联时，为了充分发挥这种内在关联的积极效应，可以采用产品线差别定价策略。首先，在定价时，要研究某种产品的最低价格，让它的价格在产品线中充当标志价格，吸引顾客购买产品线中的其他产品。其次，确定产品线中某

种产品的最高价格,让它在产品线中充当品牌质量和企业形象的代表。最后,对产品线中的其他产品,分别依据其在产品线中的角色为其制定不同的价格。

(2) 单一定价策略。企业销售品种较多而成本差异不大的产品时,为了方便顾客挑选和内部管理,可为该产品线的全部产品项目确定相同的价格。例如"10元店"内所销售的商品定价一律为10元;自助餐厅不管吃多少,只有一个价格。

(3) 组合定价策略。企业的各产品线在销售业绩上往往参差不齐,企业希望达到"以好带差"的目的,便将各种不同用途的产品成套销售,进行组合定价。例如将西服、衬衫与领带配套,将床、橱、柜、桌、椅组合销售。企业往往采用整套售价低于单件销售总价的策略达到上述目的。

2. 生命周期阶段定价策略

(1) 介绍期的定价策略。在介绍期,顾客对新产品处于不知晓、不了解的状态,而采取观望的态度。可采用以下策略。

第一,高价策略。采用高价推出新产品,即采取撇脂定价策略。这一策略虽然有悖常理,但绝非没有成功的机会。高价策略的成功具有这样几个先决条件:企业或企业的某个品牌有良好的市场形象,产品符合顾客对优秀产品的预期;产品的需求价格弹性较小;产品的市场生命周期较为短暂;产品在市场中没有低价竞争对手,等到竞争对手出现,企业可以把价格降下来,以保持价格的竞争力。

第二,低价策略。为了刺激顾客需求,降低顾客试用企业新产品需要付出的代价,更多的企业会在自己产品市场生命周期的介绍期选择低价策略,即渗透定价策略。低价策略成功的先决条件有以下几个:该类产品需求、价格弹性较大,顾客对产品价格较为关注,低价能够实现提升市场占有率的预期目标;企业有能力进一步降低自己产品的各类成本,确保即使低价销售依然可以获利;低价策略不会导致顾客产生企业产品质量低劣、服务不到位的误解。

第三,中价策略。一般生活必需品和重要的生产资料是生产和生活的重要物资,需求弹性比较小,采取高价策略,会损害顾客利益;而采取低价策略,不足以刺激顾客需求,不能达到扩大销售量的目标。因此,对这类商品应当采取中价策略,即根据成本和销售情况,将价格定在介于高价和低价之间,使生产者、经营者和顾客都感到满意。

(2) 成长期的定价策略。新产品进入成长期以后,销售量迅速增加,成本不断下降,质量逐步提高,市场中竞争对手较少。这一阶段最有利于实现企业的目标利润。在成长期,企业在市场中处于主导地位,市场销售呈良好的增长趋势,所以按目标利润来制定产品价格,可以比较顺利地达到目标。

(3) 成熟期的定价策略。产品进入成熟期以后,大批竞争对手已进入市场,竞争日趋激烈,市场需求接近饱和,需求总量不可能继续增加,因此,必须根据市场条件的变化,制定出能战胜其他竞争对手的价格,才能维护市场现状,或占领更大的市场,所以企业会更多地采用竞争导向定价策略。

(4) 衰退期的定价策略。商品进入衰退期以后,销售量迅速下降,但成本并未发生相应的变化。这时的定价目标只能争取保持原有的销售阵地,维护原有经济收益,尽量减少损失。定价策略可采取驱逐价格和维持价格两种。

第一,驱逐价格。对需求弹性较大的产品,可以按成本定价,不再要求利润,这样可以将竞争对手逐出市场,延长本企业产品的市场生命。如果按成本定价仍不足以维持一定的销售量,可以把价格降至成本以下,以便抽出资金投入新产品的试制和生产。

第二,维持价格。对一般生活必需品和重要的生产资料,继续保持成熟期价格,或只做小幅度的降价。因为这类产品销量相对稳定,利润变化不大,降价潜力较小,维持价格尚能保持一定销量。

3. 地理定价策略

在企业开展异地贸易,尤其是在国际贸易时,选择定价策略也是实现贸易目标的重要一环。在制定价格和调整价格时,需要针对不同地区的经济发展水平和需求,以及市场竞争的现状,采用不同的价格策略,在价格上灵活反映运输、装卸、仓储、保险等多种费用。地理定价策略主要有产地价格策略、顾客所在地价格策略、成本加运费价格策略、分区运送价格策略和运费补贴价格策略。

4. 心理定价策略

心理定价策略是充分了解、分析和利用顾客不同的消费心理,在采用科学方法定价的基础上,对价格进行一些灵活的甚至是艺术的调整的策略。

(1)尾数定价策略。尾数定价策略是企业或者零售商为产品制定一个与整数有一定差额的价格的策略。在大多数顾客看来,带零头的价格是以合理、精确的方法确定的,给人货真价实的感觉,符合顾客求廉、求信的心理。

(2)整数定价策略。整数定价策略便于支付、结算。对某些价格特别高或特别低的产品,企业在制定零售价时有意取一个整数,便于价款找零,也能起到加强顾客对产品的记忆的作用。

(3)声望定价策略。声望定价策略是指企业利用顾客仰慕品牌的心理来制定大大高于其他同类产品的价格的策略。在市场中,有许多产品在顾客心中有极高的声望,如名牌工艺品、高级轿车等,顾客购买这些产品,目的在于通过消费获得心理满足,重视产品能否显示他们的身份和地位。因此,可以按照顾客对这类产品的期望价值制定高于其他同类产品的声望价格。这样既可以满足顾客的心理需要,又能增加企业盈利,促进销售。

(4)梯子定价策略。梯子定价策略减少销售产品的信息,只标出价格、上架时间和"售完为止"的字样。此法利用了顾客"今天不买,明天就会被他人买走""先下手为强"的心理。

(5)最小单位定价策略。最小单位定价策略是企业对同种产品按不同的数量包装,以最小包装单位制定基数价格的策略。销售时,参考最小包装单位的基数价格与所购数量收取款项。通常包装越小,实际单位数量产品价格越高;包装越大,实际单位数量产品价格越低。

(6)招徕定价策略。企业可利用节假日、开业庆典或纪念日等时机,降低某些产品的价格,以吸引顾客购买。

5. 差别定价策略

差别定价策略是指企业以两种或两种以上不反映成本比例差异的价格来销售产品的策略。

（1）顾客差别定价策略。企业将同一种产品以不同价格出售或提供给不同的顾客。

（2）产品样式差别定价策略。产品样式不同，价格也不同，但是价格的差异与它们之间的成本差异不成比例。

（3）地点差别定价策略。企业为不同销售区域的产品分别制定不同的价格，即使它们的成本没有明显差异。

（4）时间差别定价策略。企业为在不同季节、不同日期甚至同一天内不同时间销售的同一种产品制定不同的价格。

（5）线上线下差别定价策略。在互联网技术飞速发展的今天，电子商务日趋成熟。供应商可以选择在网店或实体店中销售同一种产品，顾客买到的虽是同样的东西，价格却明显不同。

（6）支付方式差别定价策略：顾客购买同一种产品时可以选择全额付清货款和分期支付货款等方式，采用不同支付方式实际支付的货款不同。

6. 价格折扣定价策略

即使企业确定了产品的基本价格，也要根据市场变化与营销策略的调整对价格做出相应的改变。

（1）数量折扣策略。企业在出售某种产品时，给购买数量不同的顾客不同的价格优惠，以此促进更多的顾客以更大的数量购买自己生产或经营的产品。

（2）现金折扣策略。对于在购买企业产品后能够及时支付货款的顾客给予一定的价格优惠。这种策略将促使更多的顾客及时付清货款，从而加快企业的流动资金周转速度，提高资金利用效益。

（3）季节折扣策略。企业对在非消费季节购买自己产品的顾客在价格上给予优惠。

（4）功能折扣策略。制造商往往需借助中间商销售自己生产的各种产品，为强化中间商的合作意愿，制造商可以根据自己的目标市场营销策略，确定希望与哪些中间商更加深入地合作，并给予其相对的优惠价格。

课堂练习 4.5

请先阅读材料，然后回答以下问题。

英特尔公司的定价策略

一名分析师曾这样形容英特尔公司的定价政策："这个集成电路巨人每 12 个月就要推出一种新的、具有更高盈利的微处理器，并把旧的微处理器的价格定得更低以满足顾客需求。"

当英特尔公司推出一种新的计算机集成电路时，它的定价是 1 000 美元，这个价格使它刚好能占有一定的市场份额。这种新的集成电路能够增强高能级个人电脑和服务器的性能。如果顾客等不及，他们就会在价格较高时购买。随着销售额的下降，在竞争对手推出相似的集成电路对其构成威胁时，英特尔公司就会降低其价格来吸引下一层次的、对价格敏感的顾客。最终价格跌落到最低水平，每个集成电路仅售 200 美元，这使该集成电路成为大众市场中的普遍产品。通过这种方式,英特尔公司从不同的市场中获取了大量的收入。

英特尔公司在推出计算机集成电路的过程中采用了哪种定价策略?请说明理由。

四、渠道策略

分销渠道是指某种产品从生产者向消费者或使用者转移的过程中,取得这种产品的所有权或协助所有权转移的所有企业或个人的组合。当前,绝大多数生产者并不直接将产品销售给消费者,生产者与消费者之间存在多种名称各异的中介机构,例如批发商、零售商、代理商等。因此,渠道策略对成功开展营销活动具有重要意义。

(一) 渠道的类型

企业在确定让产品快速进入并占领目标市场的计划时,选择分销渠道类型是一项十分重要的决策。从不同角度来看,分销渠道可以划分为不同类型。

1. 从长度角度划分

从长度角度划分渠道即根据中间环节的多少来划分渠道的类型。只要某一中间环节在推进产品及其所有权向消费者转移的过程中可发挥特殊的、不可或缺的作用,就可保留这一环节。从这一角度看,渠道一般有以下几种类型(图4-5)。

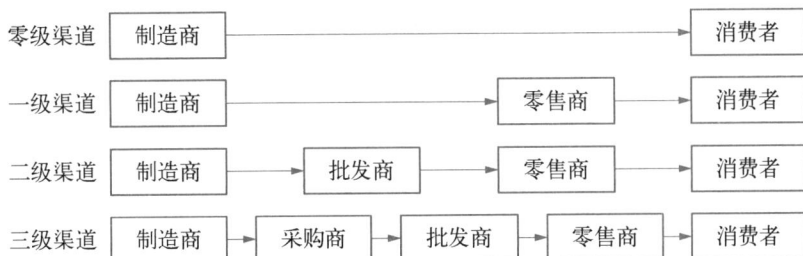

图4-5　渠道的长度划分

(1) 零级渠道,也叫直接分销渠道,即制造商直接将产品卖给消费者的渠道,主要形式有上门推销、邮购、电话购物、电视直销和网上销售等。

(2) 一级渠道,即包括一个中间环节,例如零售商的分销渠道。企业可能无暇同时与大量消费者洽谈生意或无法针对不同的目标市场采用不同的销售策略,此时便可选择一个中间环节,如零售环节来解决企业销售产品的问题。

(3) 二级渠道,即生产者与消费者之间设有两个中间环节的渠道。在消费者市场中,一般是在批发商环节后再设置一个零售商环节。

(4) 三级渠道,包括三个中间环节。一些规模较小而其产品又需要广泛推销的制造商常常需要通过多次批发或通过代理行、经纪人及其他中间代理商把产品销售给批发商,再通过零售商出售给消费者。从制造商的角度看,渠道级数越高,控制渠道就越困难。

2. 从宽度角度划分

从横截面,即从同一中间环节的层次看,是选择一两个同类中间商作为渠道成员,还是选择更多的同类中间商来参与市场营销,是企业选择分销渠道类型时面临的又一项决策(图4-6)。

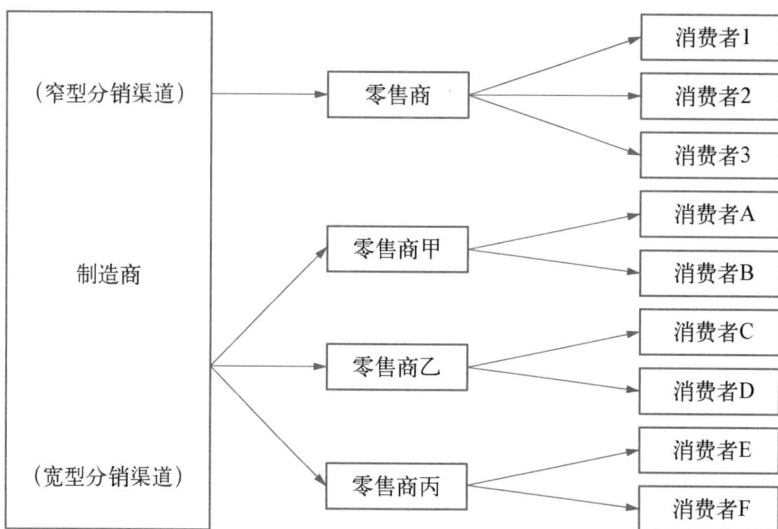

图 4 - 6　渠道的宽度划分

（1）窄型分销渠道。如消费者对企业产品的需求差异较小，企业在选择分销渠道类型时，每一环节上相同类型的中间商数量少些为妥。这种分销渠道被称为窄型分销渠道。

（2）宽型分销渠道。如目标市场中许多消费者存在不同的需要，例如，消费者对某个产品在质量、品牌等的需求上存在较大差异，企业就会考虑采用让较多的同类中间商来销售产品的渠道类型，于是形成了宽型分销渠道。

3. 从渠道成员关系角度划分

无论是生产者还是经销商，都希望有一个稳定的分销渠道系统，通过系统合力应对各种挑战。系统中的许多成员都会根据自己的营销战略选择加入哪种类型的渠道。从渠道成员关系的角度看，企业可选择的分销渠道有以下四种类型。

（1）临时性分销渠道。渠道中的成员彼此相互独立，在某种情况下偶然确定了彼此间的关系，从而组成了临时性分销渠道。当营销目标实现后，该分销渠道就会自然消失。所有成员都必须在开展新的营销活动前寻找新的渠道合作伙伴，也必须承担与之相应的各种成本与风险。

（2）垂直式分销渠道。渠道中的某一成员拥有其他成员的股权，或者拥有一定的专利发明权，能通过特许权的授予达到有效地控制整个渠道的目的。

（3）水平式分销渠道：渠道成员受自身条件所限而无法在市场中独自应对来自各方面的挑战，因而在同样的理念下走到一起。

（4）多元化分销渠道：制造商认为自己生产的某种产品虽然满足的是同一类型的消费者的需要，但消费者熟悉的商店可能因人而异；有人喜欢批量购买，有人愿意少量而频率高地购买；制造商想在各种渠道上建立自己的领地以迎接竞争对手的进攻。在这些情况下，制造商会在同一中间环节上选择不同类型的中间商，组成特殊的分销渠道。

（二）渠道设计

设计一个渠道系统包括四个步骤：分析消费者需要的渠道服务水平，确定渠道类型限制因素，制订渠道方案，评价渠道。

1. 分析消费者需要的渠道服务水平

设计分销渠道的第一步是了解消费者在其所选择的目标市场中购买什么产品、在什么地方购买、为何购买、何时购买和如何购买,营销人员必须了解目标消费者在购买产品时期望获得的服务的类型和水平。要关注以下五个方面:在消费者购买过程中分销渠道能够提供的某种产品的基本单位数量,消费者从订货到收到所订货物的时间,消费者购买产品的方便程度,分销渠道提供的产品组合的宽度与长度,分销渠道提供的附加服务。

2. 确定渠道类型限制因素

影响企业选择分销渠道类型的因素很多,创业者可以从目标市场特征、产品特征、企业特征及环境特征等方面进行综合分析与判断,做出适当的选择。

(1) 目标市场特征,包括市场需求量、市场分布状况、购买特点和竞争特点。

(2) 产品特征,包括价格、体积和重量,易损性和时尚性,技术性程度和附加服务的条件,所处的生命周期阶段,独特性。

(3) 企业特征,包括企业的声誉、规模、资源条件、产品组合,企业销售、出口产品的经验或提供服务的能力。

(4) 环境特征,包括经济环境、法律环境和社会环境。

3. 制订渠道方案

渠道方案有三个方面的内容:中间商的类型、中间商的数目、渠道成员的权利和责任。

(1) 中间商的类型。选用何种类型的中间商取决于企业希望中间商在目标市场中的服务水平和渠道交易成本。要关注中间商的经营特征和中间商的使用成本。

(2) 中间商的数目。企业必须决定在每个渠道环节层次上设置多少中间商。一般有三种模式可供选择:专营性分销、选择性分销和密集性分销。

专营性分销是一种窄渠道分销类型,即企业有意识地限制中间商数目,在一个区域市场内只选择一家中间商组成分销渠道,俗称"独家分销模式"。

选择性分销是企业为了防范"独家分销模式"存在的隐患,增加在某一领域市场分销渠道中的同一渠道环节层次上的中间商数目的分销类型。但由于中间商数量增加,会出现一些矛盾和冲突,企业必须从愿意经销企业产品的众多中间商中做筛选,便于与中间商密切配合,建立良好的协作关系,获得较好的销售效果。

密集性分销也称"广泛分销",是一种宽渠道分销策略,就是在同一渠道环节层次上,对使用的中间商数目不加限制,只要中间商愿意协助企业销售产品,就允许它成为自己分销渠道相应环节的成员。

(3) 渠道成员的权利和责任。在设计和制订渠道方案时,企业必须确定渠道成员的权利和责任,主要包括价格政策、销售条件、地区权利和提供的具体服务内容等。

4. 评价渠道

当企业同时制订了几种备选渠道方案时,就要结合自己的营销战略对这些备选渠道方案进行评估,从备选渠道方案中选择最佳方案。通常企业会根据渠道的经济性、渠道的可控制性和渠道的适应性三个标准进行评估。

(1) 渠道的经济性标准。企业选择、利用分销渠道是希望这些分销渠道能够帮助自己实现既定的营销目标,企业也必须为之付出相应的成本。企业希望选择的分销渠道能够让自己的产品实现最大的销售效率,以便实现提高市场占有率的目标,这可以被视为一种收益。

(2)渠道的控制性标准。中间商的优势能够使企业获得更多或更大的成果。但是,越是富有经销经验、拥有完整销售系统或有效销售模式的中间商往往越难以控制。为了与中间商一起实现共同的营销管理目标,除了要有激励手段,还要有控制的办法。

(3)渠道的适应性标准。营销环境的变化是迟早会发生的,这就要求企业对自己的营销战略做好调整的准备,也包括对既定的分销渠道做出调整。

课堂练习 4.6

请为不同类型的产品匹配相应的渠道形式,将产品序号填写至表 4-11 中相应的渠道形式下方。

表 4-11 不同类型的产品相应的渠道形式

短而窄的渠道形式	长而宽的渠道形式	长的渠道形式	短的渠道形式	短而宽的渠道形式	长而窄的渠道形式

产品名称:① 各类饮料;② 高档首饰、手表;③ 软件应用平台;④ 艺术品等具有特殊性的产品。

五、促销策略

促销策略主要关注四个方面:广告、营业推广、人员推销、公共关系。

(一)广告策划

广告是一种经济有效的营销传播方式,也是应用最为广泛的营销传播工具。企业的广告策划一般包括确定广告目标、制定广告预算、广告信息决策、选择广告媒体等环节。

1. 确定广告目标

企业在设计广告方案时,第一步要确定广告目标。广告目标必须与企业的营销战略目标相吻合。在实现整体营销战略目标时,需将过程分为若干阶段,每个阶段有着不同的营销目标,需要有不同的广告予以支持。广告目标可分为以下三类。

(1)通知。一种新产品刚进入市场时,广告目标主要是将此信息告诉目标顾客,使之知晓并产生兴趣,促成需求形成。

(2)说服,主要用于产品的成长期,这个时期市场的特点是选择与比较,即顾客对某一种产品有需求,但还没有形成品牌偏好,可以在不同的品牌中进行选择。广告目标是引导顾客购买自己的产品。此时,广告主要突出产品特色,介绍企业的产品优越于其他产品且能被顾客感受到的方面,促使顾客形成品牌偏好。

（3）提醒，适用于产品成熟期，广告目标是提醒顾客注意企业新的营销策略的推出并及时购买特定的产品。

2. 制定广告预算

在制定广告预算时要考虑五个特定的因素。

（1）产品生命周期阶段。在介绍期，对新产品一般需要投入大量广告以便建立知名度和获得顾客的试用。进入成长期后，企业在广告投入上还要保持一定的规模，但是对广告宣传的内容要做一些调整，广告目标应该是突出自己产品的特点，形成稳定的顾客群。

（2）市场份额。市场份额大的企业只求维持其市场份额，广告预算可以有所减少。需要提高市场份额的企业则需要加大广告预算。

（3）竞争。在市场竞争日趋激烈时，企业必须加大广告宣传力度，增加广告预算，因为广告宣传也是一种有效的竞争手段。反之，随着市场竞争逐渐趋于缓和，企业在广告预算方面的投入也可以逐渐减少。

（4）广告频率。广告在特定时间内重复播放的次数就是广告频率。通常情况下，广告频率与顾客接触信息和认知信息的内容或程度成正比，这也是企业测定广告传播效果的重要标准。

（5）广告媒体。广告传播必须依赖相应的媒体。企业可以选择多种广告媒体来实现广告宣传效果最大化的目标。

3. 广告信息决策

如何将广告信息有创意并准确地表达出来，是广告策划的中心内容。围绕信息决策，企业应在广告创意、诉求、表现形式等方面进行策划。广告创意是一项创造性活动，必须做到出其不意，这样才能具有生命力，才能吸引大量的顾客。广告信息设计的基本前提是能被目标受众理解、接受、记忆。能否做到这点取决于企业广告设计人员是否真正了解目标受众的特征。

4. 选择广告媒体

广告信息是由广告媒体传送给广告受众的，所以选择媒体是事关广告宣传目标能否实现的重大问题。可供选择的广告媒体主要有以下几种。

（1）电视。电视媒体能将视觉效果和听觉效果综合在一起，充分运用各种艺术手法，直观、形象地传递产品各种特征的信息，具有较强的表现力和感染力。电视媒体的优点有：播放及时、覆盖面广、选择性强、收视率高、能反复播出以加深目标受众印象。电视媒体的缺点有：成本高、展露时间短、同一媒体上众多竞争广告并存可能会削弱广告效果。

（2）广播是一种听觉媒介。它的主要优点是：成本低、传播速度快、传播范围广、不受时空限制、目标顾客选择性强。它的缺点是：信息停留时间短，不易形成印象；仅有音响效果，表现产品的能力较差。

（3）报纸是一种印刷、平面媒体。这种媒体的优点是：发行量大，覆盖面宽；编排灵活，信息传递迅速；有一定的专业性与针对性；无阅读时间限制；权威性强，使读者产生信任感；广告制作简便，成本较低。这种媒体的缺点是：时效性较差，受版面编排制约，如印刷不够精致可能影响广告效果。

（4）杂志也是一种印刷、平面媒体。与报纸相比，杂志易被读者保存而使其信息传播的有效时间大大延长;发行量大;印刷精制、图文并茂而易让读者注意和仔细阅读;有一定的专业性与选择性,可以提高广告信息的针对性。杂志媒体的缺点是:出版周期长而影响对广告时机的把握,成本比报纸高。

(5)售点设施,企业可利用商品销售商店现场的招牌、橱窗、霓虹灯、商品陈列等开展广告宣传。其目的是引起消费者的购买冲动。

(6)户外媒体,即在建筑物外表或街道、广场等室外公共场所设立的霓虹灯、广告牌、海报等。户外媒体进行广告宣传的对象是公众,所以比较难以选择具体目标受众,但是可以在固定的地点长期展示企业的形象及品牌,因而能够有效提高企业和品牌的知名度。

(7)交通工具。主要形式有利用交通工具内的广告牌、广告宣传画、公共汽车的车身等从事的广告宣传,这种广告在人口比较密集的大城市非常有效。

(二)营业推广策划

营业推广的主要目的是让受众在各种不同的刺激下产生冲动而迅速购买企业的产品。营业推广活动的对象有消费者、经销商和销售人员三种。

1. 针对消费者的营业推广方式

常用的针对消费者的营业推广方式有样品、优惠券、现金折扣、特价品、赠品和奖品等。

2. 针对经销商的营业推广方式

针对经销商的营业推广活动往往是在双方贸易的过程中进行的。

(1)推广津贴,即企业为了鼓励经销商积极推介自己的产品而给予的各种津贴。

(2)交易折扣。企业规定经销商只要在一定时期内大量购买自己的某种产品,就可以得到一定的价格优惠,购买量越大,折扣越大。

(3)促销协作,即在经销商开展促销活动时,企业提供一定的协作和帮助,是一种共同参与营销的方式。

(4)联合展销会,即邀请经销商参加展销会,也可以参与经销商举办的企业产品的展销会,在会上一方面介绍产品的知识,另一方面现场演示操作。

3. 针对销售人员的营业推广方式

为了鼓励销售人员积极推销产品、建立良好的顾客关系和做好市场调研等工作,企业可以采用销售红利、销售竞赛、推销回扣等方式。

(三)人员推销策划

人员推销是最古老的促销方式,这种方式使推销人员能与顾客进行面对面的交谈,因此沟通效果、促销效果较好。企业的营销实践表明,在工业品和价格贵重、使用时需要掌握更多技术的产品的促销工具中,人员推销被使用得最多,效率也最高。

1. 人员推销的特点及目标

(1)人员推销的特点。人员推销具有针对性强,成功率高,有利于信息反馈的特点。

(2)人员推销的目标。推销人员一般要承担一些特定的任务,以实现促销目标,如寻找顾客、设定目标、信息传播、推销产品、提供服务、收集信息、分配产品。

2. 推销人员的选择、培训及管理

(1)推销人员的选择。推销人员必须具备两种基本的素质:一是善于并能自觉地从顾客的角度考虑问题;二是具备高度的责任感和强烈的自我成就感。

（2）推销人员的培训。按照必须具备的素质挑选出推销人员后，还应当在其开始推销工作前，对其进行认真的培训。通常培训的内容包括企业的经营理念、产品情况、顾客及竞争对手的特点、表达方式、工作程序和职责。

（3）推销人员的报酬激励。为吸引高素质的推销人员，企业应当具备有吸引力的报酬激励制度。企业通常可采取的制度有纯薪金制、纯佣金制和薪金佣金混合制。

（4）推销人员的绩效评估。对推销人员的绩效进行认真的、公正的评价，并以此为基础制定奖励或惩罚条例。评估依据主要是推销人员的工作报告、顾客调查结果等。一般从三个方面进行评估：横向比较，即对所有推销人员的工作绩效进行比较和排列；纵向比较，即将每个推销人员现在的工作绩效与过去的工作绩效进行比较；定性评估，即对推销人员关于企业、顾客、竞争对手的了解程度进行评估，还可对推销人员的性格、风度、仪表、言谈举止和气质等进行评估。

（四）公共关系策划

公共关系活动的形式有以下几种。

1. 宣传报道

公共关系工作的一个主要任务是发现或创造对企业和产品有利的新闻，以吸引新闻界和公众的注意，增加新闻报道的频率，扩大影响，提高知名度。

2. 赞助社会活动

赞助公益和社会活动，可以提高企业声誉。

3. 组织宣传、展览

企业可组织编印宣传性的材料、拍摄宣传录像及以组织展览等方式开展公共关系活动。通过一系列形式多样、活泼生动的宣传，让社会各界认识企业、了解企业，从而达到树立企业形象的目的。

4. 开展主题活动

主题活动是企业与公众直接面对面接触的沟通形式，是信息传播的有效媒介。

课堂练习 4.7

根据促销策略，为下列产品选择合适的促销方式。在你选择的促销方式下方打"√"（表4-12）。

表 4-12　促销方式选择

项　目	广　告	营业推广	人员推销	公共关系
手机				
办公软件				

续 表

项 目	广 告	营业推广	人员推销	公共关系
珠宝				
家用电器				
日常用品				

六、网络营销策略

网络营销是企业整体营销战略的一个组成部分。网络营销是为实现企业总体经营目标而进行的,以互联网为基本手段营造网上经营环境的各种活动,是随着互联网进入商业应用,尤其是万维网、电子邮件、搜索引擎、社交软件等得到广泛应用而产生的,借助互联网、移动互联网平台,为达到一定营销目的进行的全面营销活动。

(一)病毒营销

病毒营销又称病毒式营销,是一种常用的互联网营销方法,常用于进行网站推广、品牌推广等。

1. 营销技巧

(1)巧做"病原体"。目标消费者自愿提供传播渠道的原因在于第一传播者传递给目标群的是经过加工的有趣或有价值的信息。

(2)巧发"病原体"。对做好的"病原体",要选择恰当的时机予以发布,时间、载体、发布人等因素都要考虑在内。

(3)监测"病原体"。"病原体"中要嵌入代码或网址,通过观察后台数据,就可以清晰地看到"病原体"的传播效果,据此进行调整。

2. 病毒营销的基本要素

有效的病毒营销的基本要素可归纳为六个:提供有价值的产品或服务;提供无须努力就能向他人传递信息的方式;信息传递范围很容易扩大;利用公众的积极性和传播行为;利用现有的通信网络;利用他人的资源进行信息传播。

(二)网络事件营销

网络事件营销是企业以网络为传播平台,精心策划、实施可以让公众直接参与并享受乐趣的事件,通过这样的事件达到吸引或转移公众注意力,改善、增进与公众的关系,塑造企业的良好形象,以谋求企业的长久、持续发展的营销活动。网络事件营销应该遵循以下法则。

1. 寻找品牌与热点事件的关联

网络事件营销一定要找到品牌与热点事件的关联,不能脱离品牌的核心价值,这是网络事件营销成功的关键。

2. 做别人没有做过的

这是网络事件营销的重要法则。因为是第一,所以才有新闻价值,才能吸引眼球,产生轰动效应。这就要求进行网络事件营销时形成巧思创意,做别人没有做过的,说别人没有说过的。

3. 事后继续推进

网络事件营销的最终目的是提升品牌价值,然而一次网络事件营销产生的轰动效应毕竟是短暂的,想要保持事件对品牌的长期影响,还需在事后将事件及品牌的相关信息不断灌输给消费者,并把公众的注意力潜移默化地转化为实际购买力及对品牌的忠诚度。

4. 提高事件的公众参与度

人们往往对远离自己生活的事件淡然处之,也许事件本身具有很高的新闻价值,但因为和人们的实际生活关系不大,所以有可能很快就被淡忘了。然而如果事件就发生在人们身边,或人们身临其境、亲身参与,则会难以忘却,甚至刻骨铭心。

(三) 微营销

微营销是以移动互联网为主要沟通平台,配合传统网络媒体和大众媒体,通过有策略、可管理、持续性的线上线下沟通,建立、转化和强化客户关系,实现客户价值的活动。

微营销的基本模式有发展新客户、转化老客户和建立客户联盟,企业可以根据自己的客户资源情况,采用以上三种模式中的一种或多种进行营销。

微营销的九个“标准动作”是:吸引过客、归集访客、激活潜客、筛选试客、转化现客、培养忠客、挖掘大客、升级友客、结盟换客。

(四) 搜索引擎营销

搜索引擎营销是根据用户使用搜索引擎的方式,利用用户检索信息的机会尽可能将营销信息传递给目标用户的活动。简单来说,搜索引擎营销就是基于搜索引擎平台的互联网营销,利用用户对搜索引擎的依赖和使用习惯,在用户检索信息的时候将信息传递给目标用户。搜索引擎营销的基本思想是让用户发现信息,并通过单击进入网页,进一步了解相关信息。

1. 营销手段

搜索引擎营销的主要手段是竞价排名。竞价排名即网页付费后才能被搜索引擎收录并得以靠前排名,付费越高者排名越靠前。竞价排名服务是由客户为自己的网页购买的关键字排名的服务。客户可以通过价格控制自己的网页在特定关键字搜索结果中的排名,并可以通过设定不同的关键词捕捉到不同类型的目标访问者。购买关键词广告,即在搜索结果页面显示广告内容,实现高级定位投放。客户可以根据需要更换关键词,相当于在不同页面轮换投放广告。

2. 计价方式

(1) 按每千人成本计价。最科学的方式是按照有多少人看到广告来收费。每千人成本指的是广告投放过程中,听到或者看到广告的每个人平均分担的广告成本。传统媒介多采用这种计价方式。

(2) 按每单击成本计价。按单击次数计费,加上单击率限制,可以加大作弊的难度,是宣传网站的最优方式。但是,此类方法会让不少经营广告的网站觉得不公平,因为虽然浏览者没有单击,但是他已经看到了广告,在这种情况下,网站就成了白忙活。

(3) 按每行动成本计价。这是指按广告投放实际效果,即按回应的有效问卷或订单数量计费,而不限广告投放量。这种计价方式对于网站而言有一定的风险,但若广告投放成功,其收益也比按每千人成本计价的方式要大得多。

（4）按每回应成本计价。按浏览者的回应次数计价,这种广告计价方式充分体现了网络广告及时反应、直接互动、准确记录的特点。这种方式属于辅助方式,因为对于许多广告而言,其得到回应的机会比较渺茫。

（5）按每购买成本计价。有些广告主为规避广告费用风险,只有在与客户进行在线交易后,才按销售笔数付给网站费用。

总结案例

三只松鼠的营销

在国内众多休闲食品品牌中,三只松鼠凭借自己独特的品牌定位和营销策略,成功地打造出了自己的品牌形象。

三只松鼠的品牌形象设计新颖,标志设计采用亲民的松鼠卡通形象,造型活泼可爱,色彩鲜亮夺目。与此同时,三只松鼠一直为传播自己的"松鼠文化"而努力,无论是店铺设计还是产品包装,无论是附赠的小礼物还是员工的工作环境,每一个细节都显示出活泼可爱、绿色健康的"松鼠文化"。

通过将产品与生活方式相结合,三只松鼠成功地打造了自己的品牌形象,吸引了一大批忠实的消费者。同时,这种独特的品牌定位也为三只松鼠未来的发展提供了广阔的空间。

三只松鼠在品牌营销方面也非常注重多样化的策略。例如,其通过在各大电商平台上开展促销活动和限时抢购等方式,吸引了大量的消费者。同时,三只松鼠也在微信公众号、微博等社交媒体上开展各种营销活动,提高了品牌曝光度。

此外,三只松鼠还重视情感营销、细节营销。三只松鼠在各方面都注意与消费者的情感互动,如为解决消费者吃完之后果皮的存放问题及弄脏手的问题,三只松鼠会为消费者提供袋子及纸巾。

实 训 实 践 4.2

策划市场营销方案

全班同学自由分组,每组以 4～6 人为宜。以小组为单位,选定一个创业项目。各成员自由分工,形成一个销售团队,完成以下分析,进行市场营销方案策划。

一、项目分析

对团队选择的项目进行分析,根据同行业初创企业的情况,分析企业在不同阶段的客流量(包括线上和线下),预计企业每年、每月、每天的客流量,并考虑通过什么渠道获得客流量。以这些数据为基础,分析各种营销方式都能产生什么样的效果(表 4-13)。

表 4-13 项目分析

企业不同阶段的客流量(包括线上和线下):

企业每年的客流量:

企业每月的客流量:

企业每天的客流量:

通过什么渠道获得客流量:

各种营销方式产生的效果:

二、企业分析

小组对企业发展方向、企业品牌、企业形象、企业团队、企业的产品、面临的竞争情况、消费者情况进行分析(表 4-14)。

表 4-14 企业分析

企业发展方向:

企业品牌:

企业形象：

企业团队：

企业的产品：

面临的竞争情况：

消费者情况：

三、市场分析

小组针对所选项目进行市场分析，通过对企业生产和发展产生影响的外部因素进行分析，了解市场环境（表 4 - 15）。

表 4 - 15　市场分析

对企业生产和发展产生影响的外部因素：

市场环境的特点：

四、选择市场营销策略

市场营销策略包括营销目标、战略重点、产品策略、价格策略、渠道策略和促销策略（表 4 - 16）。

表 4 - 16　选择市场营销策略

营销目标：

战略重点：

产品策略：

价格策略：

渠道策略：

促销策略：

五、选择网络营销方式

各小组分别选取至少三个适合初创企业的网络营销方式，并对其进行分析，最终选定其中一个作为本项目的网络营销方式（表 4 - 17）。

表 4 - 17　选择网络营销方式

网络营销方式一：

网络营销方式二：

续　表

网络营销方式三:

最终选择的网络营销方式:

小组按照以上五个方面的设想,最终形成一份市场营销方案。

任务三　进行顾客管理

学习目标

1. 了解企业"以顾客为中心"的经营理念。
2. 掌握开展顾客满意度调查的方法,能够进行顾客满意度调查。
3. 树立"以顾客为中心"的理念。

课前活动

时间:10分钟。

场地:教室。

道具:便笺纸、马克笔。

活动步骤:

1. 在企业竞争中,谁能满足顾客的需求,做到以客户为中心,谁就更容易胜出。全班同学分成几个小组讨论:企业要关注顾客哪些方面的需求?

2. 把顾客的需求写在便笺纸上。

3. 每个小组派一名代表将便笺纸贴在白板上展示。教师对各组表现进行点评。

小吴的困惑

小吴从某高职院校毕业后,在学校附近开了一家咖啡厅,聘请专业咖啡师来制作咖啡,广告语是"最正宗的意式咖啡",一度吸引了很多顾客。但是,一段时间后,在交通更方便的街角处新开了一家咖啡厅,店面更加显眼,座位更加宽敞,服务更加周到,停车更加方便,还时不时推出"第二杯半价"等优惠活动。小吴的咖啡厅顾客越来越少。他百思不得其解:俗话说"酒香不怕巷子深",自家卖的才是正宗的意式咖啡,生意怎么会不如对方呢?

其实,对于大部分顾客而言,很少有人能喝出咖啡的不同,哪家咖啡厅的服务更好,顾客就喜欢去哪家消费。现在的顾客不再只看重产品本身,而是更注重便捷。他们消费的不只是商品,还有服务。在激烈的市场竞争中,只有能做好顾客管理的企业才能脱颖而出。

一、"以顾客为中心"的经营理念

(一) 什么是"以顾客为中心"

"以顾客为中心"是指以买方的要求为中心,其目的是通过对顾客的需求的满足获取利润,是一种市场导向的经营理念。

传统经营模式以产品为竞争基础,企业更关心的是企业内部运作效率和产品质量的提高,以此提高企业的竞争力。随着全球经济一体化和竞争的加剧,产品同质化的趋势越来越明显,产品的价格和质量的差别不再是企业利润的主要来源。企业认识到满足顾客的个性化需求的重要性,以顾客为中心、倾听顾客的呼声、具备对不断变化的顾客期望迅速做出反应的能力成为企业成功的关键。

"以顾客为中心"的经营理念具有以下特征:

(1) 企业将关注的重点由产品转向顾客;

(2) 企业将注意力从内部业务的管理转向对外部业务即顾客关系的管理;

(3) 在处理顾客关系方面,企业从重视如何吸引新的顾客转向重视对全客户生命周期的顾客关系管理及对现有关系的维护上。

(4) 企业开始将顾客价值作为绩效衡量和评价的标准。

（二）企业为什么要以顾客为中心

企业能否存活,根本上取决于利润水平,而利润只能从顾客那里来。所以,企业的生存是靠满足顾客需求,提供顾客所需的产品和服务并获得合理的回报来支撑的。企业的所有产品和服务都是为顾客服务的。

顾客需求导向是贯穿于市场、研发、销售、制造、服务的全流程中的。做到"以顾客为中心"有一个不断变革、动态管理、持续改进的过程。"以顾客为中心"是企业存在的根本理由。现代管理学之父彼得·德鲁克说过,"企业存在的唯一目的就是创造"。能为顾客、为社会创造价值才是企业的核心竞争力。

（三）如何挖掘顾客的需求

根据马斯洛的需求层次理论,人类的需求由低到高依次为生理需求、安全需求、社交需求、自尊需求、自我实现需求,较低层次需求的满足是实现较高层次需求的基础。随着生产力发展和顾客需求不断升级,从总体上来看,当前需要以更加个性化、人性化的产品满足顾客需求。

顾客需求分为五个层次(图4-7)。

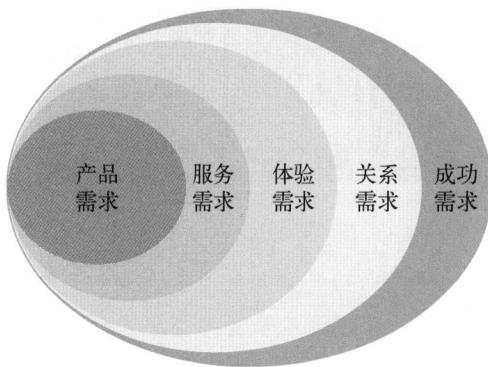

图4-7　顾客需求层次

1. 产品需求

顾客的基本需求与产品有关,涉及产品的功能、性能、质量及价格。通常,顾客希望以较低的价格获得高性能、高质量的产品,这是最基本的顾客需求。

2. 服务需求

随着购买力的增强,顾客在采购时,不再仅仅关注产品,同时还关注产品的售后服务,包括送货上门、安装、调试、培训、维修、退货等服务。

3. 体验需求

如今,人们已经逐渐从工业经济时代、服务经济时代步入了体验经济时代。越来越多的顾客不愿意仅仅被动地接受广告宣传,而是希望先对产品做一番体验,主动地参与产品的规划、设计、方案确定,体验创意、设计、决策等过程。

4. 关系需求

关系需求是指顾客希望获得信任、尊重、认同,产生情感上的满足感;在有需要或面临困难时能得到帮助和关怀;可以与其他人分享和交换信息、知识、资源、思想、关系、快乐等。

5. 成功需求

获得成功是每一个顾客的目标,成功需求是顾客最高级的需求。企业不能只看见顾客的产品需求、服务需求等,要能识别和把握顾客内在的、高层次的成功需求。

（四）企业如何做到"以顾客为中心"

"以顾客为中心"不能只停留在口号上,必须有一套与之相配的体制。企业需要在企业战略、企业文化、组织结构等方面进行变革,以适应、满足顾客不断变化的需求。改变员工的认知;以顾客需求为导向,为顾客提供高质量的产品和服务;构建面向顾客的各种机制,快速响应顾客需求,这是做到"以顾客为中心"的三个关键手段。

1. 改变员工的认知

要真正强化"以顾客为中心"的认知,仅仅依靠培训、标语等是不够的,要引导企业全体员工随时随处体认"以顾客为中心"的原则。

2. 为顾客提供高质量的产品和高水平的服务

企业要有对顾客负责的经营理念,要向顾客交付高质量的产品、高水平的服务。

3. 构建面向顾客的各种机制,快速响应顾客需求

在互联网时代,如何快速响应顾客的需求? 如何满足顾客的需求? 企业应以顾客需求为出发点,搭建内部运作系统,在办公、生产或仓储场所分布,业务流程,工作标准等方面,针对顾客的需求进行优化。首先,通过业务流程的再造,重新建立以顾客为中心的流程型组织。其次,把所有的人员按照流程和适合的岗位重新配置,形成各部门的有效配合。最后,在绩效管理目标和配套体系方面实现各部门的融合。当然,这也必须考虑到企业自身的资源与风险控制能力。

总之,企业在员工认知、产品和服务、运作机制等方面很好地体现"以顾客为中心",就能逐步形成"以顾客为中心"的企业文化。

案例 4.6

京东的配送服务

现在,许多顾客都会选择在电商平台上进行网购。为应对顾客的网购需求,京东着力进行物流建设,基本上能做到让顾客在次日收到货。

京东快递为什么这么快? 最重要的原因是京东实施"分布式仓储",根据顾客的地理位置就近发货,所以时效就有了保证。当然,"分布式仓储"只是最基础的一环,做到这一点并不意味着客户就能快速收到货物,还需要很多配套机制,比如分配发货仓机制、考核与付薪机制、批量采购分散送货到不同仓储的机制等。这就是"以顾客为中心"的理念在京东配送服务上的体现。

二、顾客满意度调查

(一) 什么是顾客满意度调查

顾客满意度调查是测量企业在满足顾客购买产品或服务的期望方面所达到的程度的调查。通过调查,可以找出那些与顾客满意或不满意直接相关的因素,根据顾客对这些因素的看法形成统计数据,进而得到综合性的顾客满意度指标。

(二) 顾客满意度调查的作用

1. 有助于树立"以顾客为中心"的理念

企业必须理解顾客当前和未来的需求,满足顾客需求并争取超越顾客期望。但是,顾客的需求和期望是不断变化的,要获得主动权,企业必须通过定期和不定期的顾客满意度调查了解不断变化的顾客需求和期望,并持续不断地改进产品和提供产品的过程,真正做到"以顾客为中心"。

2. 有助于确定企业策略

企业进行顾客满意度调查不只是为了得到一个综合统计指数,而是要通过调查发现影响顾客满意度的关键因素,在提高顾客满意度的过程中对症下药,制定有效的策略。

3. 有助于节约企业成本,提高经济效益

顾客满意度调查贯穿企业生产经营的全过程,企业从设计产品之初就应考虑到顾客的需求和期望,使其提供的产品或服务得到顾客的认可,并让顾客满意。之后,在定期的顾客满意度调查下,企业能越来越准确地预测顾客的需求和期望的变化。这样,新产品的研制和生产就会少走不少弯路,在很大程度上减少浪费、压缩成本,提高企业的经济效益。

(三)顾客满意度调查的常用方法

1. 建立投诉与建议系统

建立投诉与建议系统可以方便地收集顾客的意见和建议。例如,很多餐厅和旅馆都为顾客提供意见簿,很多企业设立了"顾客热线",从而最大限度地方便顾客咨询、建议或者投诉。这些信息有助于企业更迅速地解决问题,并为企业提供了很多开发新产品的创意。

2. 顾客满意度量表调查

企业除了建立投诉和建议系统,还可以通过开展周期性的调查获得顾客满意度的直接衡量指标。调查问卷或测试量表一般会从以下两方面进行设计:一是列出所有可能影响顾客满意度的因素,然后按照重要程度排列,最后选出企业最关心的几个因素,让受访者帮助判断这些因素的重要程度;二是就所要评价的重要因素的满意度让受访者做出评价。这是了解顾客满意度的主要方法,企业可以利用这些信息改进下一阶段的工作。

3. 佯装购物法

这是指雇用一些人员装作潜在顾客,报告他们在购买企业产品和竞争对手产品的过程中发现的优点和缺点的方法。管理者本人也应该不时离开办公室"微服出访",到企业和竞争对手那儿从事购物活动,亲自体验顾客的感受。

4. 对流失顾客进行分析

企业应当同停止购买产品或转向其他供应商的顾客进行接触,了解为什么会出现这种情况。每当失去一个顾客,都应竭尽全力探讨、分析失败的原因:是价格太高、服务有缺陷,还是产品不可靠。顾客流失率上升,表明企业在使顾客满意方面的表现不尽如人意。

(四)顾客满意度调查的步骤

1. 确定调查的内容

开展顾客满意度调查之前,必须首先了解顾客的需求结构,明确顾客满意度调查的内容。不同的企业、不同的产品拥有不同的顾客。不同群体的顾客,其需求结构的侧重点也是不同的,有的侧重于价格,有的侧重于服务,有的侧

重于性能和功能等。一般来说,调查的内容主要包括产品质量需求、产品功能需求、产品服务需求、产品外延需求、产品价格需求等。

2. 顾客满意度指标的量化和权重分配

顾客满意度调查的本质是一个定量分析的过程,即用数字反映顾客的态度,因此需要对调查项目指标进行量化。顾客满意度调查了解的是顾客对产品和企业的态度,一般采用五级标准——很满意、满意、一般、不满意和很不满意划分,相应赋值为5、4、3、2、1。对不同的产品与服务而言,相同的指标对顾客满意度的影响程度是不同的。例如,售后服务对耐用消费品行业而言是一个非常重要的因素,但是对于快速消费品行业恰恰相反。因此,相同的指标在不同指标体系中的权重是完全不同的,只有赋予不同的因素适当的权重,才能客观真实地反映出顾客满意度。

3. 明确调查的方法

目前通常采用的方法主要有三种。

(1) 问卷调查。这是最常用的顾客满意度数据收集方式。问卷中包含很多问题,需要被调查者根据预设的内容选择相应答案,从自身利益出发来评估企业的服务质量。问卷调查同时也应允许被调查者以开放的方式回答问题,从而更详细地掌握他们的想法。问卷包括纸张问卷、网页问卷、手机问卷等形式。

(2) 二手资料收集。二手资料大都通过公开发行刊物、网络、专业调查公司等获得,在资料的详细程度和资料的有用程度方面可能存在缺陷,但可以作为深度调查前的重要参考。特别是进行问卷设计的时候,二手资料能让我们了解行业的大致轮廓,有助于对拟调查问题的把握。

(3) 访谈研究。访谈研究包括内部访谈、深度访谈和焦点访谈。

内部访谈是对二手资料的确认和重要补充。通过内部访谈,可以了解企业经营者对所要开展的项目的大致想法,这也是发现企业问题的最佳途径。

深度访谈可以弥补问卷调查存在的不足,是针对某一论点进行一对一的交谈,在交谈过程中提出一系列探究性问题,以探知被访问者对某事的看法,或做出某种行为的原因的方法。

为了更周全地设计问卷或者配合深度访谈,可以采用焦点访谈的方式获取信息。焦点访谈就是由一名经过训练的访谈员引导8~12名顾客对某一主题或观念进行深入的讨论,让其在一个感觉安全的环境中畅所欲言,从中发现重要的信息。

4. 选择调查的对象

对于大多数企业来说,要进行总体调查是非常困难的,也是不必要的,应该进行科学的随机抽样调查。在抽样方法的选择上,为保证样本具有一定的代表性,可以按照顾客的种类或顾客的区域范围进行随机抽样。为获得较完整的信息,必须保证样本量足够大,同时兼顾调查的费用和时间的限制。

5. 顾客满意度数据的收集

顾客满意度数据的收集可以通过书面或口头的问卷、电话或面对面的访谈进行,若有相关网站,也可以进行网上顾客满意度调查。调查通常包含很多问题或陈述,需要被调查者根据预设的内容选择相应答案,有时候还可以让被调查者以开放的方式回答问题,从而获取更详细的资料。

6. 科学分析

为了客观地反映顾客满意度,企业必须收集适当的顾客满意度数据,并运用科学有效的方法进行分析,以证实质量管理体系的适宜性和有效性,并考虑在何处可以持续改进。

7. 改进计划和执行

在对收集的顾客满意度信息进行科学分析后,企业应该立刻检查自身的工作流程,根据"以顾客为中心"的原则开展自查自纠,找出顾客不满意之处,制订改进方案,并组织企业员工执行,以提升顾客满意度。

课 堂 练 习 4.8

一家经济型连锁酒店发现近期酒店的入住率有所下降,而同行业竞争对手并没有发生这种情况,于是想通过顾客满意度调查来分析原因所在,并找到问题的解决办法。

请帮助这家酒店思考:

1. 可以采用哪些方法开展顾客满意度调查?

2. 可以选择哪些人群作为调查对象?

3. 为获取充分的信息,你认为需要调查哪些内容?请设计完成表4-18相关内容。

表4-18 满意度调查问题设计表

调查内容类别	细 分 问 题
位置	1. 2. 3.
设施	1. 2. 3.
服务态度	1. 2. 3.
价格	1. 2. 3.

总结案例

苹果公司的顾客服务秘诀

苹果公司是世界知名的手机及 IT 设备营销商，它能获得高端手机用户的青睐，与其黄金服务法则分不开。以下是苹果公司的顾客服务秘诀。

1. 笔记本电脑的屏幕必须以合适的角度打开

这一要求有美观的因素，但主要目的是吸引顾客亲手触摸笔记本电脑。合适的角度可以吸引顾客观察、试用笔记本电脑。苹果员工还会统一所有屏幕的打开角度。

2. 顾客可以不限时把玩电脑

苹果公司会叮嘱员工不要给顾客施压，迫使他们离开，而是让顾客随意、不限时把玩电脑，目的是培养顾客的拥有体验。

3. 电脑和 iPad 必须安装最新、最流行的应用

苹果零售店的电脑和 iPad 会安装一系列热门应用，并可以接入高速互联网，方便顾客进行实时体验。

4. 维修人员有权为顾客延长保修服务

为了提升用户忠诚度，苹果在保修服务方面显得很大度。即使已经超过时限，维修人员也可以视情况为顾客延长保修服务。

5. 不纠正顾客念错的产品名称

为了营造积极宽松的氛围，销售人员不能给顾客留下傲慢无礼的印象，所以，假如顾客不慎说错产品名称，销售人员不得直接纠正，必须将错就错。

6. 必须在顾客进店后立刻迎接

顾客进店后，销售人员不仅要欢迎，而且要热烈欢迎，让顾客感觉自己受到了尊重。

实 训 实 践 4.3

设计顾客满意度调查问卷

成功的企业有许多共同的特征，但最重要的是拥有对企业满意的顾客。实现这一目标的最佳方法之一就是使用客户满意度调查问卷进行调查，并有针对性地改进。设计调查问卷的核心是设定调查内容和具体问题。这里列出三个行业进行客户满意度调查时的典型问题。

1. 服务业

（1）您如何评价您对预约的满意度？

（2）我们可以做些什么来改善您的体验？

（3）您有多大的可能性向他人推荐我们的服务？

（4）您最喜欢的服务是什么？

（5）您在选择我们之前是否考虑过其他提供商？如果考虑过，您为什么选择我们？

2. 零售业

（1）您在过去三个月内是否访问过我们的商店？

（2）您在我们的商店里能找到您想要的产品吗？

（3）您有多大的可能性再次购买我们的产品？

（4）我们可以做些什么来改善您的体验？

（5）您对什么类型的产品最感兴趣？

3. 餐饮业

（1）您满意我们的餐食吗？

（2）您对我们的整体服务满意吗？

（3）您是怎么找到我们的？

（4）您有多大的可能性再次在我们的餐厅用餐？

（5）您的预订体验如何？

全班同学自由分组，每组以 4～6 人为宜。阅读以上问题，根据本小组的项目情况进行调整，使其符合本小组拟开展的业务的类型和目标，并添加可能与本小组项目的特定业务、产品或服务相关的问题，为本小组的项目设计一份顾客满意度调查问卷。在设计顾客满意度调查问卷时，要考虑到合适的问题体量，一般以 10 个问题左右为宜，尽量不超过 20 个问题。过多的问题将使顾客失去耐心。

项目五

管理初创企业

学习目标

1. 了解初创企业人力资源管理的主要工作及其内容,了解初创企业人力资源管理工作面临的挑战。

2. 掌握初创企业人力资源管理工作面临问题时的应对策略,提升进行初创企业人力资源管理的能力。

3. 树立科学的初创企业人力资源管理理念。

课前活动

时间:15分钟。

场地:教室。

道具:大白纸、马克笔。

活动步骤:

1. 企业负责人在招聘人员时,有以下步骤:进行录用决策、筛选简历、制订招聘计划、明确人才需求、安排入职、面试选拔、发布招聘信息。小组讨论,为这些步骤排出正确的顺序,把讨论结果写在大白纸上进行展示。

2. 教师进行点评。

导入案例

麦当劳的人力资源管理

麦当劳在人力资源管理方面有一个360度的评估制度,就是让周围的人共同评估某个员工,以此来判断其是否合格、称职。问题一般为"你对你的同事感觉怎么样?""你对你的下属感觉怎么样?"麦当劳的员工培训也有一套标准化管理模式。他们只为新员工设计3天的试用期,培训则从新员工加入麦当劳的第一天开始。与有些企业开设培训班的做法不同,麦当劳的新员工会直接走上工作岗位。每名新员工都由一名老员工带着,一对一地训练,直到新员工能在岗位上独立操作。麦当劳的培训理念是让员工尽快得到发展,麦当劳也因此成为一个发现和培养人才的大平台。另外,在麦当劳,晋升对每个人而言都是公平合理的,适应快、能力强的人能迅速掌握各个阶段的技术,从而更快地得到晋升。

一、初创企业人力资源管理的主要工作

人力资源管理指运用科学方法,对与一定物力相结合的人力进行合理的规划、组织和调配,使人力、物力保持最佳比例,同时对人的思想和行为进行恰当的诱导、控制和协调,充分发挥人的主观能动性,使人尽其才、事得其人、人事相宜,以实现组织目标的活动。

对于初创企业来说,人力资源管理的主要工作包括制订人力资源规划、选人、育人、用人和留人五个方面。这五个方面是相互影响、相互依存的,要加以综合考虑。

（一）制订人力资源规划

制订人力资源规划是对组织现在与未来各时期各种人力与工作量的关系进行预测、分析和评估,并据此编制人力资源计划,以确保必要时可以获得数量足够的具有相应技能的员工的活动。处于初创期的创业者也要考虑企业明天的发展,人力资源规划是不可或缺的。

制订人力资源规划的基本思路是解决"人"与"事"的矛盾,即计划好让什么人干什么事,进而达到"人"与"事"的平衡。"事"就是指企业应当开展的业务活动和相关活动,也就是企业应当完成的各项任务,比如生产任务或者销售任务;"人"是指企业中的员工。要做到"人"与"事"的平衡,就需要明确企业的任务、企业中的职位,确定企业类型和企业内部组织机构,设立相应的职务和配备相应的员工。

1. 人员需求预测

人员需求预测一般有如下步骤。

首先,预测企业未来的经营态势。企业未来的经营态势将决定企业未来的人员需求状况。如果企业未来的经营态势乐观,那么将需要补充人员;如果经营态势不乐观,可能需要裁减一定人员。

其次,估算各职能活动的总量。各职能活动的总量是指生产总量、销售总量等,通过估算各职能活动的总量,可以对不同职能部门所需要的人员数量进行估算。比如,目标销售额为 200 万元,人均销售额为 10 万元,就需要 20 个推销员。

2. 人力资源数量分析

人力资源数量分析的主要方法有以下几种。

（1）工作量方法。此方法以工作职务说明书为基础,来测算各岗位所需的人力资源状况。其计算公式如下:

$$需要人员数量=\frac{每月工作量}{每人每天工作时间\times每月工作天数}$$

（2）时间动作分析法。到工作现场测算工作人员从事某一项工作所需要的时间,在考虑到工作人员因私事、疲劳延误工作等的情况下,算出此项工作所需的标准时间,再据此估计所需的标准人力。这种方法往往用来测定企业生产岗位所需的人数。其计算公式为:

$$需要人员数量=\frac{标准时间\times每天的业务目标量}{每人每天工作时间}$$

（3）管理幅度推算法。此方法依据管理幅度来推算人员数额。管理幅度是指一名管理

人员能够直接管理的下属人数。例如某工厂需要 100 名生产工人,车间主任的管理幅度为 20 人,那么需要配备 5 名车间主任。假如车间主任由生产部经理进行管理,而生产部经理的管理幅度为 5 人,那么需要配备 1 名生产部经理。

(二) 招聘

招聘是吸引和选择企业所需要的人员的活动。在当今企业竞争日益激烈的环境中,适时地招聘到企业所需要人员,是企业人力资源管理工作的一项重要任务。初创企业招聘员工时需要进行精心的组织策划,对前来应聘的人员进行全面、科学的考评,善于发现人才,严格择优录用,宁缺毋滥。

招聘可以有多种形式,其主要形式有三种:内部选拔、关系招聘和公开招聘。

1. 内部选拔

内部选拔是员工招聘的一种特殊形式,当企业中有些较重要的岗位需要招聘人员时,让企业内部符合条件的员工从较低的岗位晋升到较高的岗位的过程就是内部选拔。

内部选拔的主要优点是有利于激励员工奋发向上,较易形成企业文化。其主要缺点是不利于吸收外部优秀人才,自我封闭,可能使企业缺少活力。内部选拔应遵循以下原则:唯才是用;有利于调动大部分员工的积极性;有利于提高生产效率。

由于内部选拔费用低廉,手续简便,人员熟悉,在招聘少数人员时,常常采用此方法,而且效果不错。但是企业内部员工不够或者没有合适人选时,就应该采取其他方式进行招聘。

2. 关系招聘

每个企业都会和不少个人或组织发生关系,通过各类关系进行招聘,也是企业员工招聘的一种重要形式。

(1) 熟人介绍。当一个工作岗位空缺时,可由企业内外的熟人介绍人选,测试合格后录用。熟人介绍的主要优点是对被介绍人的情况较为了解,一旦聘用,离职率较低。熟人介绍的主要缺点是易形成非正式群体,选用人员的面较窄,易造成任人唯亲的现象。

熟人介绍的原则是:经过测试后方可聘用;熟人的覆盖面要尽可能广;被介绍人尽可能不在介绍人领导下工作;请相关专业的熟人介绍;鼓励员工介绍有能力的人应聘。

(2) 职业介绍机构介绍。随着市场机制被引入,职业介绍机构将越来越多。职业介绍机构介绍的主要优点是招聘面广,很难形成裙带关系,用时较短。职业介绍机构介绍的主要缺点是需要一定的费用,对应聘者的情况不够了解。

在采用职业介绍机构介绍这种招聘形式时,应遵循以下原则:选择信誉较好的机构;尽可能对应聘者进行复试;要求职业介绍机构提供尽可能全面准确的信息。

3. 公开招聘

公开招聘是指企业向企业内外的人员公布招聘计划,提供公平竞争的机会,择优录用合格的人员的活动。这个过程分为以下几个步骤。

(1) 刊登广告。在公开招聘中,刊登广告是第一个步骤。只有在适当的时机,通过适当的渠道刊登适当的广告,才能吸引企业需要的人才来应聘。如果应聘人员素质不高或人数太少,企业很可能招聘不到合适的人员。

(2) 报名。在规定的时间内,要求应聘者到指定地点报名是公开招聘的第二个步骤。应根据招聘的需要设计相应的报名程序。最简单的报名程序是领取报名登记表、填写表格、

上交表格。为了了解应聘者的某些资格,可要求应聘者提交附加材料。

(3)招聘测试。招聘测试是公开招聘的第三个步骤,也是十分重要的步骤。由于招聘岗位和应聘人数不同,测试的方法可简可繁。需要特别注意的是,以下三方面的测试均应融入简历筛选、笔试及面试的过程:知识与技能;动机与态度,即应聘者有无工作意愿和热情;工作偏好,即人与岗位是否契合。

(4)筛选。筛选是公开招聘的第四个步骤。企业根据应聘者的测试结果、背景材料和工作经验,初步决定合格者的名单。一般合格者的名单应比招聘人数多一点。

(5)录用。录用是公开招聘的第五个步骤,即最后确定录用名单,向应聘者发出录用通知,告知其何时来何地报到。

(三)员工培训

企业为满足其在发展过程中对人员素质水平的要求而进行的对人员技能水平和工作态度等方面的培训活动称为员工培训。员工培训是为使员工能够承担目前实际担负的工作或将要担负的工作而开展的。培训内容一般包括技能、知识和态度三个方面。

1.技能

对低层员工而言,技能培养主要是指操作技能培养;对高层员工而言,技能培养主要是指思维训练,并培养其在分析、决策、沟通、人际交往等方面的技能。

2.知识

知识包括业务知识、管理知识和政策方面的知识等。传授何种知识,要根据培训对象的实际工作需要确定。

3.态度

态度同人的积极性和主动性密切相关,积极的人可能会创造非凡的业绩,消极的人可能会一事无成。培训可以使员工的态度产生相应的转变。

企业员工培训通常分层次进行,培训的层次主要有普通员工培训、基层管理者培训、中高层管理者培训。

(四)绩效管理

1.绩效管理的含义及重要性

企业对员工的工作成果和工作行为进行的考核和评价活动被称为绩效考评。绩效考评的目的是通过实施绩效考评方案,把考评结果和实际工作相结合,通过奖勤罚懒和奖优罚劣,达到鼓舞士气和调动员工积极性的目的,持续提升个人、部门和企业的绩效。

绩效管理对于企业发展非常重要。有效的绩效管理能激发员工的工作潜能,使企业运转顺畅,促进企业长、短期目标的实现。因此,有效的绩效管理能解决问题,促使绩效提升。

2. 绩效管理的要求及构成环节

要做好绩效管理,有三个方面非常重要:第一,员工绩效目标要合理可行;第二,激励内容和激励方式要恰当;第三,管理者要注意维护组织信用。

实际工作中,绩效考评过程一般由四个环节构成。

(1) 制定考评标准。这是绩效考评的基础和前提条件。标准是考评的尺度,没有标准就无法考评。

(2) 确定考评方法。要使考评结果准确无误,必须有科学的考评方法。考评方法可以从不同角度分类。按照考评对象的不同,有行为考评方法和工作成果考评方法;按照考评方式的不同,有定量考评方法和定性考评方法。

(3) 绩效评定。对员工的工作绩效进行核算、测定和记录,把握和分析员工的实际工作表现和工作成果。把实际工作表现和工作结果与考核标准进行对照,看哪些没有达到标准,哪些达到了标准,哪些超过了标准,从而做出实事求是的判断,形成考评结论和意见。

(4) 考评反馈。通常要把考评结果告知考评对象,使其了解自己的工作状态与评价,知道优点与不足,明确努力的方向。必要时,也可以把考评结果统一公布,以便员工对照检查,找出差距。考评结果应当存档备查,并作为员工提薪、奖金发放、晋升、教育培训等方面的主要依据。

3. 绩效管理的考评标准及考评方法

(1) 考评标准。考评标准的制定必须注意以下几点。首先,绩效考评标准必须全面准确,具有针对性和可操作性。其次,考评标准必须具有一致性和可靠性,消除考评中的好人主义和平均主义。所谓考评标准的一致性,是指考评标准要适应各层次的人员,一视同仁,不因人而异,不区别对待,不经常变动。所谓可靠性,是指标准本身要具有较高的信度和效度。信度,是指可靠程度和令人信服的程度;效度,是指能达到期望目标的程度。最后,考评标准应具有民主性和透明度。

(2) 考评方法。绩效考评方法直接影响考评的结果,必须科学地选择。考评方法应具代表性,必须具备信度和效度,并能为人所接受。绩效考评方法有多种,常见的有以下几种。

① 量表评等法。量表评等法是应用最为广泛的绩效考评方法。评等用的量表通常包括几个有关的考评项目,把各项得分加权相加,即可得出个人的绩效评分。需要注意的是,每个考评项目都不应是对员工个性的评价,而应是对员工工作行为表现和工作成果的评价。

② 绩效目标考评法。绩效目标考评法与目标管理相似,考评绩效时更有针对性。对销售员的绩效考评可采用绩效目标考评法。在考评工作中要设定多个目标,诸如年销售额、年新开发的客户数量、年签订的合同数额、工作态度、责任心等。以年销售额100万元为例,年销售额达到100万元,为满分

10分,如果超额完成销售定额将加分,未能完成销售定额将减分。这样的考评方法就是绩效目标考评法。

这种考评法的最大优点在于为员工的工作成果树立了明确的目标,能激励员工尽量向目标靠拢。研究表明,考评标准越细致,员工绩效考评中的偏见和误差越少。这种方法的缺点在于需要较多的时间和精力去制订一套完整的绩效考评标准。此外,绩效目标尽管可能成为激励员工努力工作的强大动力,但也可能导致员工之间不必要的激烈竞争,使内耗增加,整体绩效下降。

（五）薪酬管理

薪酬制度设计、薪酬计算和薪酬发放合称为薪酬管理。

1. 薪酬管理的目标

薪酬管理的目标主要有两个:让员工有合理的工资收入,心情舒畅,精神愉快,并尽心尽力,努力地提高自己的工作效率;将人工成本限制在合理的范围内,实现企业的长远发展。

2. 薪酬管理的原则

薪酬管理的原则主要有以下四个。

（1）公正性原则。所谓公正性原则是指员工所获得的薪酬应与自己的工作表现、工作成果相一致。

（2）互惠原则。公平而合理的薪酬制度必须兼顾双方的利益,既有利于员工生活水平的提高,又有利于企业的繁荣和发展。

（3）竞争原则。当今社会是人才竞争的社会,企业要在市场竞争中立于不败之地,就应当重视人才,引进人才,留住人才,必须有具有竞争力的薪酬制度,以增大企业吸引优秀人才的力度。

（4）激励原则。所制定的薪酬制度应当能够充分体现奖勤罚懒、奖优罚劣。要适当拉开工资差距,激励先进员工更加先进,后进员工追赶先进,起到激励员工奋发上进的作用。

3. 薪酬制度的设计

薪酬可分为货币性薪酬和非货币性薪酬两大类。

（1）货币性薪酬。货币性薪酬包括直接薪酬、间接薪酬和其他货币薪酬。其中直接薪酬包括工资、福利、奖金、奖品、津贴等;间接薪酬包括保险、住房公积金、餐饮补助等。

货币性薪酬主要由基本工资、津贴和奖金构成。基本工资往往包括工龄工资、职务工资和职能工资等。津贴是因实际需要,在基本工资以外给予员工的补助。它包含的内容比较广泛,一般包括物价津贴、家属津贴、房租津贴、专业津贴、危险津贴、夜班津贴、交通津贴、职位津贴、地区津贴等。奖金是对员工工作成效的奖励,是超额劳动报酬。奖金主要有以下几种形式:绩效奖、工作年限奖、全勤奖、提案奖、发明创造奖、考核奖。

(2)非货币性薪酬。非货币性薪酬主要包括工作、社会和其他方面的奖励。其中工作方面包括工作成就感、工作挑战感、工作责任感等;社会方面包括社会地位、个人成长、个人价值等;其他方面包括友谊、关怀、舒适的工作环境、弹性工作时间等。这些对员工来说同样非常重要。

(六)劳动关系管理

劳动关系的相关环节包括劳动关系的建立、变更、解除、终止及劳动争议的处理。因此,劳动关系管理包括劳动合同管理、劳动争议处理等方面的活动。

劳动合同管理包括劳动合同实施办法的拟定、劳动合同及各类专项协议书的拟定、劳动合同变更书的拟定、终止和解除劳动合同通知书的拟定、终止和解除劳动合同通知书的发送。

劳动合同书由法定条款和约定条款组成。

(1)法定条款指法律规定必须具备的条款,包括劳动合同期限、工作内容、劳动保护和劳动条件、劳动报酬、社会保障、劳动纪律、劳动合同终止的条件、违反劳动合同的责任。

(2)约定条款指双方当事人在劳动合同中协商议定的条款。除法定条款外,双方当事人可根据实际需要在协商一致的基础上约定其他条款。这些约定条款同法定条款一样,对当事人具有法律约束力。常见的约定条款有以下几种:试用期、保密事项、培训事项、补充保险、福利待遇,以及其他事项。约定条款不得违反法律、法规的规定。

课堂练习 5.1

请根据工作说明书模板(表5-1),编制你拟创立的企业中最重要的3个岗位的工作说明书。

表5-1 销售主管工作说明书

一、岗位标识信息			
岗位名称	销售主管	直接上级	销售副总经理
隶属部门	市场部	直接下级	销售专员
工资等级	╳级	可轮换岗位	无
岗位编码	╳╳╳╳╳╳	分析日期	2024.9.1

续　表

二、岗位工作概述

负责进行信息沟通,维护和服务客户,处理客户反馈,开发市场,指导和考核下属工作

三、工作职责与任务

(一) 进行信息沟通

1. 负责把客户要求传递给相关部门;

2. 负责与客户沟通双方在合作中出现的问题,寻找最佳解决方案;

3. 负责价格沟通;

4. 负责交货期沟通;

5. 负责工程问题、工艺技术问题及其他问题的沟通。

(二) 维护和服务客户

1. 访问客户,听取客户意见;

2. 审查客户资料,提供报价、合同评审服务,签订合同,监控生产进度,制订发货计划;

3. 跟踪客户要求的变化,提供及时的服务;

4. 进行客户满意度调查和评价。

(三) 处理客户反馈

1. 负责客户反馈的内部传递;

2. 跟踪问题的解决过程;

3. 评价问题解决的满意程度;

4. 将问题的解决结果回复客户;

5. 进行客户反馈处理评价。

(四) 开发市场

1. 收集不同领域的需求信息;

2. 根据市场信息制订开发计划;

3. 执行被批准的或上级下达的开发计划,定期形成开发报告;

4. 了解行业动态和竞争对手的发展变化,不断改善销售策略,让企业成为具有竞争力的供应商;

5. 走访客户,展示企业形象和能力,拉近与客户的距离。

(五) 指导和考核下属工作

1. 负责指导下属工作,并进行绩效考核;

2. 负责对新上岗的销售专员进行业务培训。

(六) 完成上级委派的其他任务

四、工作绩效考评标准

1. 信息沟通及时准确,失误率为零;

2. 客户和企业内部没有对所提供的服务的投诉;

3. 对客户反馈问题的处理全过程进行了监控,没有客户再次投诉;

4. 完成年度个人销售指标,没有人为因素造成客户丢失,并有新的客户领域被开发;

5. 没有呆账或死账发生;

6. 下属能达到企业考核标准,没有突发事件发生,没有长期得不到解决的问题

续　表

五、岗位工作关系

1. 监督：在基本的销售工作方面，接受上级指示和监督；

2. 所施监督：在负责的生产监督工作方面，向销售专员发布指示；

3. 合作关系：在处理客户问题方面，与质量保证部建立协作关系，在确认客户提出的产品技术标准方面，与制造部建立协作关系

六、岗位工作权限

1. 对下属的临时工作调动权；

2. 对下属的工作指导权、工作监督权和绩效考核权；

3. 对客户标准交货期、重复订单的确认权；

4. 对订单交货期改变的申请权；

5. 依据客户要求暂停在线订单的决定权

七、岗位工作时间

在企业制度规定的时间内工作，因工作需要有时需要加班

八、岗位工作环境

在企业内工作，温度、湿度适宜，无噪声、无粉尘等污染，照明条件良好，但需经常外出接触客户

九、知识要求

1. 具备市场营销知识；

2. 具备产品动态及行业知识；

3. 具备企业产品及生产工艺技术应用方面的知识；

4. 具备经济知识；

5. 具备计算机基础知识及常用软件知识；

6. 具备英语知识

十、岗位技能要求

1. 熟悉企业工艺工序和企业产品；

2. 具备良好的人际交往能力、沟通能力；

3. 具备较强的口语表达能力；

4. 对市场有敏锐的观察力；

5. 具备良好的英文阅读与理解能力，英文听说能力强者更佳

十一、其他素质要求

具有健康的体魄、充沛的精力、强烈的责任心和创新精神，无特殊性别与年龄要求

二、理解初创企业人力资源管理工作面临的挑战及应对策略

（一）初创企业人力资源管理工作面临的挑战

1. 人力资源紧缺，尤其缺乏高素质人才

企业的日常运作与预期目标最终是靠人的努力来实现的，企业之间的竞争实质上是人的竞争。员工队伍的素质与能力在很大程度上决定了企业的业绩与发展前景，企业发展时更离不开各类人才（包括管理人才、技术人才、市场人才等）。一支训练有素、团结进取的人才队伍能使成长中的企业轻松渡过发展过程中的难关，也是企业更进一步发展和壮大的保证。但初创企业因资金紧张，会尽量少雇员工，容易导致许多工作因没有人做而被暂时搁置。在吸引人才方面，初创企业不如成熟的企业有优势，也难以招聘到优秀的人才。

2. 制度不完善，管理混乱

初创企业通常不具备有效的制度、规范和流程等，由于没有先例、规章或经验可资借鉴，企业的管理会比较混乱，很可能导致企业养成"坏习惯"。这种"坏习惯"持续下去，在将来必定会造成影响，轻者会影响企业效益，重者会演变成生存危机。这时管理人员变成了"消防队员"，企业的管理也只能成为"救火"管理。企业需要一整套完善的规章制度来明确哪些事情该做、哪些事情不该做。

3. 组织结构松散

初创企业大多以研发部、生产部为主体（委托加工型的企业多以研发部为主体），营销部门及售后服务部门的人员不足。另外，开发与销售脱节也是组织结构方面的风险。

4. 人员不稳定

初创企业往往规模较小，人员变动也是难免的。但关键职位的人员变动频繁对企业来说是有害的。人员长期频繁流动会导致企业大量的人力成本浪费，同时也不利于加强企业的凝聚力、培养团队意识。

5. 企业文化难以建立

具有优秀的企业文化是成功企业的共同特征。企业文化能在企业内部凝聚共识、减少内耗，形成共同的价值观念，锻造一支团结、协调的员工队伍。而这对于生存环境瞬息万变的初创企业来说更是难能可贵的。

（二）初创企业人力资源管理工作面临挑战的应对策略

1. 建立科学的人力资源管理制度

初创企业应建立和不断完善人力资源管理制度。一个系统的人力资源管理体系必须有完善的考核激励制度作为支撑。第一，企业要完善薪酬管理体系。在企业的生产和经营过程中，实现利润的最大化的一个重要途径就是实施薪酬管理。企业需要对不同岗位进行科学的岗位分析，结合企业自身的生产经营状况和岗位的工作量、难易程度制定出科学合理的薪酬标准，保证薪酬制度的公平性和科学性。第二，完善企业绩效考评管理工作。很多现代企业在实施人力资源管理的过程中都将绩效考评和员工的薪酬相结合，因此，企业需要建立科学的绩效考评体系，根据企业不同部门、不同岗位的实际情况制定科学的考评标准，保证考评的科学性，从而使得企业管理者能够通过对员工的考评，获得对其更加全面的了解，并

将考评结果作为人力资源管理优化的重要依据。第三，完善激励制度。科学的激励制度必须是基于员工的需求将物质与精神相结合的激励机制，它能满足员工不同层次的需求，更能切实提高员工的工作积极性和对企业的归属感。

2. 建立富有创造力、凝聚力的企业文化

企业文化是企业在所处的社会环境和商业环境中形成的，为全体员工所接受和认同的价值观、道德准则和行为规范。企业文化是激发员工热情、统一员工意志的重要工具，健康向上的企业文化能在企业中创造出一种奋发、进取、和谐、平等的氛围，为全体员工塑造强大的精神支柱，让企业在激烈的市场竞争中立于不败之地。

3. 注重人力资源的培训工作

初创企业应树立正确的人力资源开发理念和态度，加大经费投入，有针对性、有计划性地对员工进行培训，通过培训改善员工素质、提升员工绩效、降低员工流失率、鼓舞士气、提升企业业绩。

4. 重视员工的权益

决定企业竞争力的关键因素是员工的素质和积极性。在劳动力流动加快和竞争加剧的形势下，优秀的劳动者成为劳动力市场中被争夺的重要资源。初创企业从一开始就要特别重视员工的权益，加强人力资源中的薪酬管理，制定科学完善的管理制度，同时根据经济发展状况不断优化管理策略，确保薪酬管理制度的贯彻与落实，激励员工通过为企业创造利益实现自我价值。

总结案例

华为的选人、育人、用人、留人

华为创立以来发展迅速，但也遇到过各种难题，华为的人力资源管理在解决难题时发挥了支撑性作用。

1. 选人

企业在不同的发展阶段，对人才的需求也不尽相同，因此一定要确定相适应的选人思路。华为在早期时多招聘技术类人才，选人的范围较小；当华为快速发展后，对选人提出了不同需求，转向了引进高学历专业人才；当华为走向国际化后，其选人思路也开始偏向国际化。

对于人才，华为认为最合适的就是最好的。如果让优秀的人到不合适的位置上工作，这其实是一种人力资源浪费。而华为对"合适"的定义是，看目前企业和岗位都需要什么样的人才，前者侧重人才的态度、个性和兴趣，后者侧重人才的素质和能力。

至于人才的获取途径，主要有校招和社招两种。对于校招，华为主要考虑人才的可塑性；而对于社招，华为主要考虑的是人才的实际操作能力和专业技术水平。

2. 育人

对于人才的培育，华为特别看重关于企业文化的培训。华为靠"狼性文化"走上了

快速发展之路,但对于新员工来说,快速融入这样的环境还是有一定难度的。华为为了帮助新员工融入环境,会重点做好企业文化方面的培训,使其快速成为真正的"华为人"。此外,华为对新员工的培训还包括军事训练、车间实习、技术培训和市场演习。华为还有一套"全员导师制",不但能使新员工快速掌握工作技能,还可以帮助导师实现自身成长。

3. 用人

华为以善于用人著称,积累了一套自己的用人经验。华为主张用人所长,把合适的人放在合适的岗位上,激发员工的最大潜能。华为的用人原则是让人"坚持在最佳时间段走上最合适的岗位,做出最大的贡献"。

4. 留人

华为能吸引诸多人才,与其激励制度分不开。比如它的高薪酬激励,使得人才纷纷流向华为;又比如它的股权激励,极大地激发了人才的积极性。对于绩效差的员工,华为并不会轻易解雇,而是通过轮岗制,让员工在别的岗位上发挥价值。如果员工经过多次轮岗还是无法适应新岗位,华为会提供其他工作机会,帮助他们继续就业。而对于要离职的员工,华为会与其好好面谈,了解其离职原因,给予关心。如果员工去意已决,华为也会友好地接受。

实训实践 5.1

编制招聘计划

在编制招聘计划之前,需要根据本企业的现状、经营计划及发展规划,预测对人力资源的需求,从而确定相应的招聘政策和措施,包括招聘岗位、人员数量、资质要求等。

编制招聘计划一般需要做好五个方面的工作:搜集招聘信息、做好招聘需求分析、确定招聘策略、做好招聘流程安排、做好招聘成本预算。

假设你在模拟城市开了一家蛋糕店,在装修店面的同时,你要根据模拟城市的信息编制人员招聘计划。

模拟城市划分为东城、西城、南城、北城、中心城区五个城区,不同城区的居民及流动人口数有一定差异,居民对价格、广告、促销以及服务的敏感度也是不同的,如表5-2所示。

表5-2 模拟城市有关情况表

城 区	人口比例	房 租	价格敏感度	广告敏感度	促销敏感度	服务敏感度
东城	20%	2.0万元/月	低	高	低	高
西城	22%	2.5万元/月	中	中	中	低

城　区	人口比例	房　租	价格敏感度	广告敏感度	促销敏感度	服务敏感度
南城	14%	1.0万元/月	高	低	高	中
北城	17%	1.5万元/月	高	低	中	高
中心城区	27%	3.0万元/月	低	高	中	高

一个月后,店面装修完成,投入使用。店面要由一名店面经理管理,可从以下人员中选择,不同的经理有不同的能力,能给店面带来不同的效益。

张经理:月薪9 000元,有较强领导能力;刘经理:月薪9 000元,有较强管理能力;

赵经理:月薪8 000元,善于服务管理;钱经理:月薪7 000元,善于广告策略;

孙经理:月薪7 000元,善于促销活动;李经理:月薪6 000元,善于质量管理;

周经理:月薪5 000元,没有特殊能力。

经理在雇用后可以解雇,解雇费为其月薪的2倍。

制作工用采购来的原材料制造产品,1名制作工每月可制作1 000个产品。每家店面可容纳的制作工最多为50人。如果制作工数量不足,生产计划将不能完成。

制作工的工资在3 000～4 000元之间。每名制作工招聘费为500元,解聘费为1 000元,能否招聘到要看企业给出的工资的竞争力。

服务工向顾客提供一定的服务,服务工越多,顾客满意度越高,每家店面可容纳的服务工最多为20人。服务工的工资在2 500～3 000元之间,每名服务工招聘费为200元,解聘费为400元。

1. 你选择的店面是_____。

2. 请你编制出前三个月的人员招聘计划(表5-3)。

表5-3　前三个月的人员招聘计划

职　位	薪　酬	第一个月	第二个月	第三个月
店面经理				
制作工				
服务工				

3. 请写出你制订招聘计划的依据。

_____

_____

_____

_____

任务二　进行财务管理

❓ 学习目标

1. 了解财务管理的含义及其重要性，熟记会计要素与会计等式，认识三大财务报表。

2. 掌握财务分析方法，能开展财务分析。

3. 增强会计素养、财务素养，树立严谨认真的态度。

🎈 课前活动

时间：10分钟。

场地：教室。

道具：便笺纸、马克笔。

活动步骤：

1. 全班同学分成几个小组，讨论企业可持续盈利的影响要素有哪些。

2. 把要素写在便笺纸上。

3. 每个小组派出一名同学展示并阐述。教师对各组分析情况进行点评。

🔧 导入案例

海天味业的财务管理

当今调味品行业的竞争呈现出"一超多强"的趋势，而海天味业连续多年稳占行业头把交椅。

从财务的角度看，"转"就是"赚"，高毛利的背后有着高速运转的现金流。海天酱油的存货周转天数为50天，净营业周期为20天，远低于同行。调味品是保质期较长的产品，企业对动销率的追求会偏弱。但海天在产品生产出来的一至两周后，便将产品运送到经销商手中，因此库存少、周转快，实现即产即销为海天带来了高速的现金流增长。从固定资产周转率上看，海天味业为4.79次，远高于竞争对手。

在多元化的布局下，海天的预收账款连创新高。海天味业的预收款项增速超出营收，这些数据意味着产品供不应求。预收款项常见于产品竞争力超强的企业及对渠道掌控力度较强的企业。

在酿造技术上,海天将现代科研技术应用于酱油酿造中,将传统工艺技术与现代科技相结合,确保每个批次的产品风味一致,并且在原料上用豆粕替代大豆降低成本,同时将大豆利用效率提高了2倍以上。海天高明生产基地实现了高度自动化的生产,一条生产线上有4～5个工人作业,每小时能产出48 000瓶酱油,产能比过去提升数倍。从其财报中披露的数据可以看出制造费用和人工成本占营业成本的比例大幅下降。

海天味业作为一家知名食品加工企业,取得了良好的经营业绩,企业盈利能力和市场认可度不断提高,这也展示出企业良好的财务管理能力。

一、财务管理概述

财务管理是基于再生产过程中客观存在的财务活动和财务关系产生的,是企业组织财务活动、处理财务关系的一项综合性管理工作。

(一)财务管理的目标

财务管理的目标是在特定的理财环境中,通过组织财务活动、处理财务关系所达到的目标,最具代表性的主要有以下几种。

1. 利润最大化

这种观点认为利润代表了企业新创造的财富,利润越多则说明企业的财富增加得越多,越接近企业的目标。以利润最大化作为财务管理目标有其合理的一面。企业追求利润最大化,有利于资源的合理配置和经济效益的提高。

2. 资本利润率最大化或每股利润最大化

资本利润率是净利润与资本额的比率,每股利润是净利润额与普通股股数的比值。

3. 企业价值最大化

创业者建立企业的重要目的在于创造尽可能多的财富。这种财富首先表现为企业价值。企业价值不是账面资产的总价值,而是企业全部财产的市场价值。企业价值最大化是指通过企业财务上的合理经营,采用最优财务决策,充分考虑资金时间价值、风险与报酬的关系,在保证长期稳定发展的基础上使企业价值达到最大。

(二)财务管理的基本环节

1. 财务预测

财务预测是根据企业财务活动的历史资料,考虑现实的要求和条件,对企业未来的财务活动和财务成果做出预计和测算的活动。

2. 财务决策

财务决策是指财务人员在实现财务目标的总体要求下,运用专门的方法从各种备选方案中选取最佳方案的活动。

3. 财务预算

财务预算是运用科学的技术手段和数量方法,对目标进行综合平衡,制定主要的计划指标,拟定增产、节约措施,协调各种计划指标的活动。

4. 财务控制

财务控制是在生产经营活动过程中,以预算任务和各项定额为依据,对各项财务收支进行日常的计算、审核和调节,将其控制在制度和预算规定的范围之内,发现偏差并及时进行纠正,以保证实现预定的财务目标的活动。

5. 财务分析

财务分析是以核算资料为依据,对企业财务活动的过程和结果进行调查研究,评价预算完成情况,分析影响预算执行的因素,挖掘企业潜力,提出改进措施的活动。

课堂练习 5.2

请结合财务管理的内容,思考导入案例中海天味业进行的财务活动有哪些,填入表5-4。

表5-4 海天味业进行的财务活动列表

序 号	海天味业的财务活动

2. 海天味业进行的财务活动中,是否有不合理或被忽略的地方?请填入表5-5。

表5-5 海天味业的财务活动问题分析

类 目	原 因

(三)财务管理的功能

财务管理以资产运动和价值管理作为其管理对象,是企业各种职能管理中处于核心地位的重要模块,直接与企业本质相关。

1. 为创造利润提供服务

财务管理能为企业创造利润提供服务,主要体现在以下功能上。

(1) 财务核算功能。企业的经济活动十分复杂,但是有规律的记录和货币计量能使其变得简单和容易把握。

(2) 监督控制功能。财务管理的监督控制功能首先体现在对经济行为的规范上。上有国家法律和财经纪律,下有企业内部的各项流程、审批制度及规定,财务人员应严格按制度、流程办理相关财务性事务,帮助企业的所有者、经营者守好"家"。其次,财务管理会通过制定定额成本或标准成本进行动态监管控制。

(3) 决策参谋功能。财务部门通过进行有效的会计核算,拥有了关于企业经营活动的最全面、系统、权威的信息,为企业经营层决策提供依据。同时,其通过财务分析,可以及时发现企业经营管理中的问题,并对症下药,向经营者提出意见和建议。

2. 直接创造利润

财务管理还可以通过自身的财务活动,直接为企业创造利润,总体上可以分为以下三个方面。

(1) 加强资金的有效管理,提高资金收益。财务管理应着力加强流动资金管理,实时掌握其流入和流出的速率,并通过建立内部资金结算中心等方式,对阶段性闲置资金进行集中管理、有效控制和统一调度,发挥其"蓄水池"功能。同时,还可以通过有效的资金预算,挖掘资金的最大时间价值,按照安全性、流动性、盈利性的原则,为企业获取资金收益。

(2) 优化筹融资方案,降低财务费用。随着我国金融市场、融资渠道、融资产品的多样化,企业的筹融资方式也越来越多样化。财务管理部门可以根据企业的资金需求规模、时限和经营活动特点,选择最有利的筹融资方案,在满足企业资金需求的同时,实现财务成本最小化,以增加企业利润。

(3) 通过税收筹划,实现合理避税。税收在企业成本中占有较高的比例。如能通过对经营结构和交易活动的合理安排,对纳税方案进行优化选择,以减轻纳税负担,从企业角度而言相当于新增了利润。

所以说,财务管理对企业经济效益具有十分重要且深远的影响。创业者要牢固树立财务管理的理念,重视财务管理资金管理功能、成本控制功能、管理监督功能,使企业在控制产品成本的基础上,在良好的管理监督体系的保障下不断发展,从而提高企业的经济效益。

二、会计要素与会计等式

(一) 会计要素的含义与分类

1. 会计要素的含义

会计要素是对会计对象的基本分类,是会计核算对象的具体化。会计对象是指会计所核算和监督的内容,即会计工作的客体。

2. 会计要素的分类

会计要素分为资产、负债、所有者权益、收入、费用和利润六类。前三类属于反映财务状况的会计要素,在资产负债表中列示;后三类属于反映经营成果的会计要素,在利润表中列示。

（二）六大会计要素

1. 资产

资产是指企业过去的交易或者事项形成的、由企业拥有或控制的、预期会给企业带来经济利益的资源。

资产可以分为流动资产和非流动资产，如图 5-1 所示。

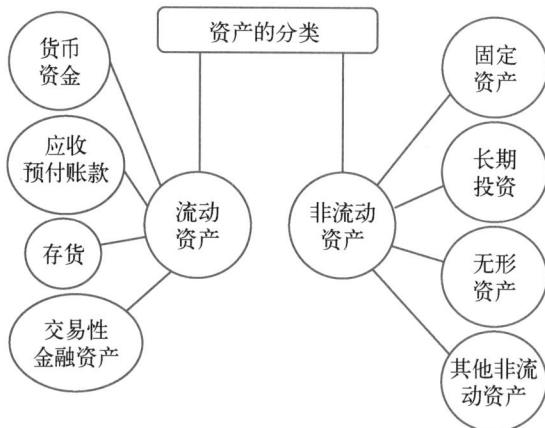

图 5-1 资产的分类

流动资产是指预计在一个正常营业周期中变现、出售或耗用，或者主要出于交易目的而持有，或者预计在资产负债表日起一年内(含一年)变现的资产，以及自资产负债表日起一年内交换其他资产或清偿负债的能力不受限制的现金或现金等价物。企业从购买用于加工的资产起超过一年才将之变现、出售或耗用的资产仍应作为流动资产。当正常营业周期不能确定时，应当以一年(12 个月)作为正常营业周期。非流动资产是指不能在一年或一个正常营业周期内变现、出售或耗用的资产。

2. 负债

负债是指企业过去的交易或者事项形成的，预期会导致经济利益流出企业的现时义务。

按偿还期限的长短，一般将负债分为流动负债和非流动负债。

流动负债是指预计在一个正常营业周期中偿还，或者主要出于交易目的而持有，或者自资产负债表日起一年内(含一年)到期应予以清偿，或者企业无权自主地将清偿推迟至资产负债表日以后一年以上的负债。非流动负债是指流动负债以外的负债。

3. 所有者权益

所有者权益是指企业资产扣除负债后由所有者享有的剩余权益，企业的所有者权益又称为股东权益。

所有者权益的确认、计量主要取决于资产、负债、收入、费用等其他会计要素的确认和计量。所有者权益在数量上等于企业资产总额扣除债权人权益后的净额，即企业的净资产，反映所有者(股东)在企业资产中享有的经济利益，用公式表示为：

$$所有者权益＝资产－负债$$

所有者权益的来源包括所有者投入的资本、直接计入所有者权益的利得和损失、留存收益等,具体表现为实收资本(或股本)、资本公积(含资本溢价或股本溢价、其他资本公积)、盈余公积和未分配利润,如图5-2所示。

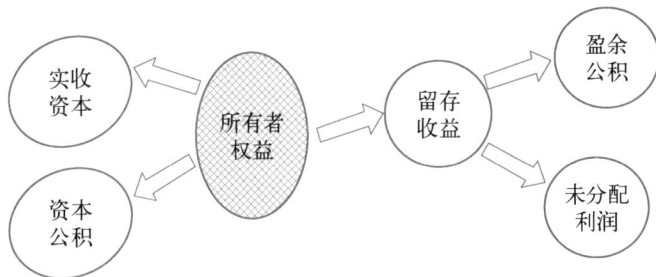

图5-2   所有者权益的来源

4. 收入

收入是指企业在日常活动中形成的、会导致所有者权益增加的、与所有者投入资本无关的经济利益的总流入。日常活动是指企业为实现其经营目标所从事的经常性活动及与之相关的活动。

收入的确认条件如下:

(1) 与收入相关的经济利益很可能流入企业;

(2) 经济利益流入企业会导致资产增加或者负债减少;

(3) 经济利益的流入额能够可靠计量。

收入按照业务主次可分为主营业务收入和其他业务收入;按照业务性质可分为销售商品收入、提供劳务收入、让渡资产使用权收入。

5. 费用

费用是指企业在日常活动中发生的、会导致所有者权益减少的、与向所有者分配利润无关的经济利益的总流出。

费用的确认条件如下:

(1) 与费用相关的经济利益很可能流出企业;

(2) 经济利益流出企业会导致资产减少或者负债增加;

(3) 经济利益的流出额能够可靠计量。

费用包括生产费用与期间费用。生产费用是指与企业日常生产经营活动有关的费用,按其经济用途可分为直接材料、直接人工和制造费用。期间费用是指企业本期发生的、不能直接或间接归入产品生产成本,而应直接计入当期损益的各项费用,包括管理费用、销售费用和财务费用。

6. 利润

利润是指企业在一定会计期间的经营成果,用公式可表示为:

$$利润 = 收入 - 费用$$

利润反映收入减去费用、直接计入当期利润的利得减去损失后的净额。利润的确认主要依赖于对收入和费用,以及直接计入当期利润的利得和损失的确认,其金额的确定主要取决于对收入、费用、利得、损失金额的计量。

利润包括收入减去费用后的净额、直接计入当期损益的利得和损失等。收入减去费用后的净额反映企业日常活动的经营业绩,也就是营业利润;直接计入当期损益的利得和损失反映企业非日常活动的业绩,也就是营业外利润。

(三) 会计等式

会计等式,又称会计恒等式、会计方程式或会计平衡公式,它是表明各会计要素之间基本关系的等式。

1. 会计等式的表现形式

(1) 财务状况等式。

企业的资产来源于企业的债权人和所有者,所以,权益又分为债权人权益和所有者权益,会计上称债权人权益为负债。

$$资产=负债+所有者权益$$

这一等式反映了某一特定时点企业资产、负债和所有者权益三者之间的平衡关系,因此,该等式被称为财务状况等式或静态会计等式,它是复式记账法的理论基础,也是编制资产负债表的依据。

资产表明企业拥有什么经济资源和拥有多少经济资源(形态和数量),权益表明经济资源的来源渠道,即谁提供了这些经济资源。因此,资产和权益两者在数量上必然相等,在任一时点都必然保持恒等的关系。

(2) 经营成果等式。

$$利润=收入-费用$$

收入、费用、利润等会计要素之间的这一基本关系等式反映了利润的实现过程,称为经营成果等式或动态会计等式。收入、费用和利润之间的上述关系是编制利润表的依据。

(3) 财务状况与经营成果相结合的等式。

收入可导致企业资产增加或负债减少,最终会导致所有者权益增加;费用可导致企业资产减少或负债增加,最终会导致所有者权益减少。所以,一定时期的经营成果(比如企业经营一年后产生的利润)必然影响一定时点(利润会进入所有者权益)的财务状况。六个会计要素之间的关系可用下式表示:

$$资产=负债+所有者权益+(收入-费用)$$

$$资产=负债+所有者权益+利润$$

🎓 课 堂 练 习 5.3 -------------------------------

结合"资产=负债+所有者权益"的公式,依据经济业务对财务等式的影响,填写表5-6。

表 5-6　经济业务对财务等式的影响

序号	经　济　业　务	财务等式中哪项增加	财务等式中哪项减少
1	企业以 20 万元购入生产设备		
2	企业发行债券 50 万元以归还短期借款		
3	企业以银行存款归还已到期的银行贷款 30 万元		

三、认识三大财务报表

财务报表包含使管理者、股东及报表阅读者借以在短期内了解企业运营的基本情况的集中统计数据。三种基本的财务报表为资产负债表、利润表和现金流量表。企业的财务部门都要制作这三种基本的财务报表。可以说,这三种基本的财务报表是评价企业业绩的尺子,通过分析财务报表,可以较为准确地把握特定时期内企业的偿债能力、营运能力及获利能力。

(一) 资产负债表

资产负债表亦称财务状况表,是表示企业在一定日期(通常为各会计期末)财务状况的财务报表。资产负债表分为资产、负债和所有者权益(或股东权益)两大区块(图 5-3)。资产是企业拥有或控制的、具有价值的资源,揭示了企业资金的用途;负债和所有者权益(或股东权益)揭示了企业的资产来源及构成,负债是企业的借款,所有者权益(或股东权益)是企业自有资金。

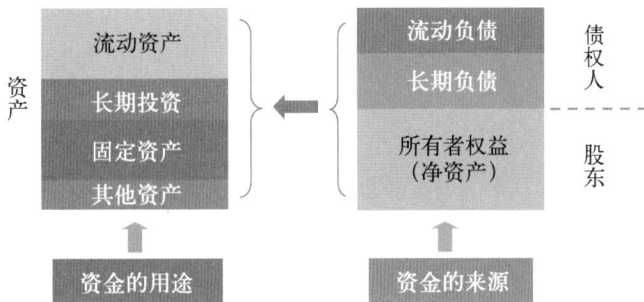

图 5-3　资产负债表结构示意图

资产负债表遵循的会计等式为:

$$资产＝负债＋所有者权益$$

根据资产、负债和所有者权益的恒等关系,如果企业负债比重高,所有者权益比重就低,说明企业的资产主要靠债务支撑,真正属于企业本身的净资产并不多。反之同理。

资产负债表如表 5-7 所示。

表 5-7 资产负债表

会企 01 表

编制单位：   _____年____月____日   单位：元

资　　　产	期末余额	上年年末余额	负债和所有者权益（或股东权益）	期末余额	上年年末余额
流动资产：			流动负债：		
货币资金			短期借款		
交易性金融资产			交易性金融负债		
衍生金融资产			衍生金融负债		
应收票据			应付票据		
应收账款			应付账款		
应收款项融资			预收款项		
预付款项			合同负债		
其他应收款			应付职工薪酬		
存货			应交税费		
合同资产			其他应付款		
持有待售资产			持有待售负债		
一年内到期的非流动资产			一年内到期的非流动负债		
其他流动资产			其他流动负债		
流动资产合计			流动负债合计		
非流动资产：			非流动负债：		
债权投资			长期借款		
其他债权投资			应付债券		
长期应收款			其中：优先股		
长期股权投资			永续债		
其他权益工具投资			租赁负债		
其他非流动金融资产			长期应付款		
投资性房地产			预计负债		
固定资产			递延收益		

续　表

资　产	期末余额	上年年末余额	负债和所有者权益（或股东权益）	期末余额	上年年末余额
在建工程			递延所得税负债		
生产性生物资产			其他非流动负债		
油气资产			非流动负债合计		
使用权资产			负债合计		
无形资产			所有者权益(或股东权益)：		
开发支出			实收资本(或股本)		
商誉			其他权益工具		
长期待摊费用			其中：优先股		
递延所得税资产			永续债		
其他非流动资产			资本公积		
非流动资产合计			减：库存股		
			其他综合收益		
			专项储备		
			盈余公积		
			未分配利润		
			所有者公益(或股东权益)合计		
资产总计			负债和所有权者权益(或股东权益)总计		

　　了解资产、负债、所有者权益的主要状况后,管理者可以通过对资产负债表中每项指标的期初数与期末数的对比,观察资产、负债、所有者权益的动态变化,进一步分析企业的经营管理水平及发展前景。

（二）利润表

　　利润表(表5-8)反映的是企业的营业收入减去营业支出后的净收益,从中可以看出企业在一定时期内的经营成果。

　　利润表遵循的会计等式为：

$$利润＝收入－成本费用$$

表5-8 利润表

会企02表

编制单位：　　　　　　　　　　　　年　　月　　　　　　　　　　　　　　单位:元

项　　目	本期金额	上期金额
一、营业收入		
减：营业成本		
税金及附加		
销售费用		
管理费用		
研发费用		
财务费用		
其中：利息费用		
利息收入		
加：其他收益		
投资收益（损失以"一"号填列）		
其中：对联营企业和合营企业的投资收益		
以摊余成本计量的金融资产终止确认收益（损失以"一"号填列）		
净敞口套期收益（损失以"一"号填列）		
公允价值变动收益（损失以"一"号填列）		
信用减值损失（损失以"一"号填列）		
资产减值损失（损失以"一"号填列）		
资产处置收益（损失以"一"号填列）		
二、营业利润（亏损以"一"号填列）		
加：营业外收入		
减：营业外支出		
三、利润总额（亏损总额以"一"号填列）		
减：所得税费用		

续　表

项　　目	本期金额	上期金额
四、净利润(净亏损以"－"号填列)		
(一)持续经营净利润(净亏损以"－"号填列)		
(二)终止经营净利润(净亏损以"－"号填列)		
五、其他综合收益的税后净额		
(一)不能重分类进损益的其他综合收益		
1.重新计算设定受益计划变动额		
2.权益法下不能转损益的其他综合收益		
3.其他权益工具投资公允价值变动		
4.企业自身信用风险公允价值变动		
……		
(二)将重分类进损益的其他综合收益		
1.权益法下可转损益的其他综合收益		
2.其他债权投资公允价值变动		
3.金融资产重分类计入其他综合收益的金额		
4.其他债权投资信用减值准备		
5.现金流量套期储备		
6.外币财务报表折算差额		
……		
六、综合收益总额		
七、每股收益:		
(一)基本每股收益		
(二)稀释每股收益		

（三）现金流量表

现金流量表是反映在一定会计期间内企业现金和现金等价物流入和流出情况的报表，以收付实现制为编制基础表现企业的现金流动情况，如表5-9所示。

现金流量表中,每一项现金流量的变化都遵循以下会计等式:

$$现金流量变化＝现金流入－现金流出$$

表 5-9 现金流量表

会企 03 表

编制单位:_____年____月   单位:元

项　　目	本期金额	上期金额
一、经营活动产生的现金流量:		
销售商品、提供劳务收到的现金		
收到的税费返还		
收到其他与经营活动有关的现金		
经营活动现金流入小计		
购买商品、接受劳务支付的现金		
支付给职工以及为职工支付的现金		
支付的各项税费		
支付其他与经营活动有关的现金		
经营活动现金流出小计		
经营活动产生的现金流量净额		
二、投资活动产生的现金流量:		
收回投资收到的现金		
取得投资收益收到的现金		
处置固定资产、无形资产和其他长期资产收回的现金净额		
处置子公司及其他营业单位收到的现金净额		
收到其他与投资活动有关的现金		
投资活动现金流入小计		
购建固定资产、无形资产和其他长期资产支付的现金		
投资支付的现金		

项　　目	本期金额	上期金额
取得子公司及其他营业单位支付的现金净额		
支付其他与投资活动有关的现金		
投资活动现金流出小计		
投资活动产生的现金流量净额		
三、筹资活动产生的现金流量：		
吸收投资收到的现金		
取得借款收到的现金		
收到其他与筹资活动有关的现金		
筹资活动现金流入小计		
偿还债务支付的现金		
分配股利、利润或偿付利息支付的现金		
支付其他与筹资活动有关的现金		
筹资活动现金流出小计		
筹资活动产生的现金流量净额		
四、汇率变动对现金及现金等价物的影响		
五、现金及现金等价物净增加额		
加：期初现金及现金等价物余额		
六、期末现金及现金等价物余额		

课堂练习 5.4

请思考以下内容分别属于哪张报表的类目，填入表 5-10。

① 货币资金；② 投资活动产生的现金流量；③ 销售费用；④ 短期借款；⑤ 筹资活动产生的现金流量；⑥ 营业成本；⑦ 所得税费用；⑧ 固定资产；⑨ 长期借款；⑩ 存货；⑪ 营业外支出；⑫ 应收账款。

表 5-10　报表与类目的匹配关系

报　表	类　目
资产负债表	
利润表	
现金流量表	

四、主要的财务分析方法

（一）财务分析的概念

财务分析是指以企业财务报告反映的财务指标为主要依据，采用专门方法，对企业过去的财务状况、经营成果及未来前景所进行的剖析和评价。

（二）财务分析的基本方法

想要透彻了解企业经营业绩与财务状况，实用的财务报表必不可少，而拿到财务报表后，想要从复杂的会计程序与数据中找出有用信息，还需要掌握实用的分析方法。财务分析的基本方法如下。

1. 比较分析法

比较分析是为了说明财务信息之间的数量关系与数量差异，为进一步的分析指明方向而开展的。这种比较可以是将实际与计划相比，可以是将本期与上期相比，也可以是将本企业与同行业的其他企业相比。

2. 趋势分析法

趋势分析是为了揭示财务状况和经营成果的变化及其原因、性质，帮助预测未来而开展的。用于进行趋势分析的数据可以是绝对值，也可以是比率或百分比数据。具体做法有以下两种：一是编制绝对数财务报表，二是编制相对数财务报表。

3. 因素分析法

因素分析是为了分析几个相关因素对某一财务指标的影响程度而开展的，一般要借助差异分析的方法。因素分析法又称因素替换法、连环替代法，是用来确定综合指标中的各因素对综合指标的变动影响程度的一种分析方法。因素分析的程序是：分解某项综合指标的各项构成因素，确定各因素的排列顺序，按排定的顺序和各项因素的基数进行计算。

4. 比率分析法

比率分析法是通过对财务比率的分析，了解企业的财务状况和经营成果的方法，往往要借助比较分析法和趋势分析法。

上述各方法有一定程度的重合。在实际工作中，比率分析方法应用最广。

5. 现金流分析法

财务比率分析没有考虑现金流的问题，而现金流对于企业而言具有重大意义。分析现金流要从两个方面考虑。一个方面是现金流量，如果企业的现金流为正，则表明企业的现金流入能够满足现金流出的需要。企业是如何满足其现金流出的需要的呢？就要看另一个方面，即其现金流各组成部分的关系。

（三）财务分析的内容

1. 偿债能力分析

偿债能力是指企业如期偿还债务的能力，它包括短期偿债能力和长期偿债能力。

短期偿债能力是指企业偿还短期债务的能力。短期偿债能力不足，不仅会影响企业的资信，增加今后筹集资金的成本与难度，还可能使企业陷入财务危机，甚至破产。一般来说，企业应该以流动资产偿还流动负债，而不应靠变卖长期资产。所以，可以用流动资产与流动负债的数量关系来衡量短期偿债能力。

长期偿债能力是指企业偿还长期利息与本金的能力。一般来说，企业借长期负债主要是用于长期投资，因而最好是用投资产生的收益偿还利息与本金。通常以负债比率和利息收入倍数两项指标衡量企业的长期偿债能力。

2. 营运能力分析

企业营运能力主要指企业营运资产的效率与效益。营运能力分析可以从流动资产、固定资产和总资产三个方面进行。

3. 盈利能力分析

盈利能力就是企业赚取利润的能力。盈利能力分析主要通过将资产、负债、所有者权益与经营成果相结合来分析企业的各项报酬率指标，从而从不同角度判断企业的获利能力。通常使用的指标有销售净利率、销售毛利率、资产净利率、净值报酬率等。

4. 发展能力分析

企业的发展能力也称企业的成长性，它是企业通过自身的生产经营活动，不断积累而形成的发展潜能。

5. 财务趋势分析

财务趋势分析是通过比较企业连续几期的财务报表或财务比率，来了解企业财务状况变化的趋势，并以此来预测企业未来财务状况，判断企业的发展前景的活动。

总结案例

沃尔玛财务管理目标的实现

沃尔玛公司是一家世界性连锁企业。沃尔玛主要涉足零售业，是世界上雇员最多的企业，连续多年在美国《财富》杂志世界 500 强企业中居首位。沃尔玛公司有数千家门店，分布于全球几十个国家。如此巨大的一个商业帝国，其财务管理方式历来就是人们难解的谜。

但在沃尔玛本身来看，财务管理远没那么复杂。财务管理目标其实相当简单，就是赚取资金差价。赚取资金差价就等于为股东创造财富。如果能多、快、好、省地赚取资金差价，就是在为股东多、快、好、省地创造财富，企业价值或者股东财富最大化的财务管理目标就得到了实现。问题是,如何又多又快地赚取资金差价呢?

沃尔玛的经营战略是"天天平价,始终如一"。所谓天天平价,是指比竞争对手的售价要低,并不是低于经营成本的价格销售。以市价300元的茶叶为例,供应商给一般商家的价格为130元,这些商家则要收取入场费、上架费等不确定的费用。沃尔玛没有这方面的费用,得到的供应商报价是100元。与竞争对手相比,沃尔玛采取不收其他费用的策略,取得了在商品进价方面30元的相对优势。如果沃尔玛茶叶流程的运作成本低于30元,其相对价格优势就凸显出来了,这为天天平价经营战略打下了坚实的基础。

通常来说,在获得了较大的相对价格优势后,企业只要以与竞争对手接近的价格销售商品,就可以获得比较高的销售利润率了。但沃尔玛没有这么做,而是采用比竞争对手低20%左右的价格销售商品。这样做的目的有两个,一是让消费者感觉物有所值;二是通过提供更高价值的服务,进一步拉开与竞争对手的距离,提升消费者的满意度和忠诚度,引导消费者重复地购买沃尔玛的商品,使沃尔玛的商品更好、更快地周转起来,为实现财务目标提供动力。

实训实践 5.2

初步财务分析

1. 报表阅读。

(1) 看报表总额,了解总体情况。

① 通过资产负债表摸清企业的家底。了解企业规模(资产总额)、企业债务规模(负债总额)、企业净资产(所有者权益)总额。

② 通过利润表了解企业销售规模和盈利能力。了解企业销售额(营业收入)、企业成本(营业成本)、企业盈利情况(三大利润指标)。

③ 通过现金流量表了解企业现金流入、流出情况,看看企业是否还有余粮。

通过阅读报表,创业者能对企业状况形成大致判断。

(2) 关注报表中的异常项目。

在形成大致判断后,应当进一步细看报表中的项目,对于异常项目进行关注,并结合财务分析做深入了解。比如巨额亏损和巨额营业外收入都是异常项目,需要特别关注。

(3) 进行财务指标综合分析。

财务指标综合分析可以对企业进行全面的诊断,对前面发现的疑问做出进一步分析,并通过与同行业企业的比较,发现企业存在的问题,为企业未来的政策调整提供依据。

2. 案例分析。

表5-11是A公司的年利润表,请计算该公司的营业利润、利润总额、净利润、销售毛利率和销售净利率,并填入表5-11。

表 5 – 11　A 公司的年利润表　　　　　　　　　单位：元

项　目	金　额
营业收入	2 500 000
营业成本	650 000
营业税金及附加	135 000
销售费用	1 115 000
管理费用	80 000
财务费用	12 500
公允价值变动收益	0
投资收益	0
营业利润	
营业外支出	0
营业外收入	0
利润总额	
所得税费用（假设税率为 20％）	
净利润	

任务三　进行企业成果管理

? 学习目标

1. 了解知识产权的基本知识和企业知识产权管理的基本概念，了解知识产权的授权条件。

2. 能合理设计知识产权布局，保护企业的创新技术与产品，能进行企业专利、商标、著作权等的管理。

3. 树立保护知识产权的法律意识，增强利用法律武器保护权利的观念。

课前活动

时间：15分钟。

场地：教室。

道具：大白纸、马克笔。

活动步骤：

1. 全班同学分成几个小组，讨论身边的专利产品有哪些。

2. 把专利产品写在大白纸上展示。

3. 教师对各组展示情况进行点评。

导　入　案　例

为推动全球知识产权生态系统发展贡献中国力量

"50年来，中国从全球知识产权大家庭的一员，成为全球知识产权工作的重要贡献者，并成功转型为世界领先的创新、创意和科技中心之一。"世界知识产权组织总干事邓鸿森日前在中国与世界知识产权组织合作50周年系列活动——世界知识产权组织主场活动上表示，世界知识产权组织愿继续加强与中国的合作，推动全球知识产权生态系统的建设和发展。

走进世界知识产权组织总部大楼，首先映入眼帘的是大厅墙上悬挂的"中国-世界知识产权组织合作50周年"中英文标识。展板上，一幅幅珍贵的照片记录了中国与世界知识产权组织合作历程中的重大事件和重要成果。展区前还摆放着中国科技创新产品，包括C919国产大飞机模型、新一代集装箱船模型、人工智能下棋机器人等。

在同世界知识产权组织合作的50年里，中国成为名副其实的知识产权大国。近年来，中国知识产权事业发展迅速，为实施创新驱动发展战略、推动高质量发展提供了有力支撑。2021年，中国版权产业行业增加值已突破8万亿元，占国内生产总值的比重为7.41％；中国版权产业对外贸易稳中向好，在全国商品出口总额中的比重连续多年稳定在11％以上；2022年中国著作权登记总量超635万件，是2012年登记总量的近8倍。

在2022年世界知识产权组织发布的全球创新指数排名中，中国排在第十一位，在全球中等收入经济体中排名第一。如今，中国是世界知识产权组织《专利合作条约》体系的最大用户，2022年来自中国的专利申请量达7万件，是10年前的4倍。中国还是马德里国际商标注册和管理体系的第三大用户，2022年提交的商标申请数量是2012年的2倍。

一、专利管理

（一）专利的概念

专利是专利权的简称,它是国家按专利法的规定授予申请人的在一定时间内对其发明创造成果所享有的独占、使用和处分的权利。专利是一种财产权,是运用法律保护手段"跑马圈地"、独占现有市场、抢占潜在市场的有力武器。

（二）专利的特征

专利具有以下三个方面的特征。

1. 独占性

独占性,也叫排他性、专有性,是专利最重要的法律特征之一。独占性是指任何单位和个人未经专利权人许可,都不得以生产、经营为目的制造、使用、许诺销售、销售及进口其专利产品,或者使用其专利方法,以及使用、许诺销售、销售及进口依照该专利方法获得的产品。独占性还指同样的发明创造在一国范围内,只被授予一项专利。

2. 地域性

一个国家或地区依其专利法而授予的专利仅在其法律管辖的范围内有效,在其他国家或地区没有约束力。如果一项发明创造只在我国取得专利权,那么专利权人只在我国享有独占权或专有权。如果有人在其他国家和地区生产、使用、许诺销售、销售、进口该专利产品,则不属于侵权行为。除加入国际条约及双边协定另有规定的之外,任何国家都不承认其他国家或者国际性知识产权机构所授予的专利权。所以,对于确有技术含量的产品、方法,企业应在有市场前景的国家或地区同时申请专利。

3. 时间性

这是指专利权人对其发明创造所拥有的专有权只在规定的时间内有效,期限届满后,专利权人对其发明创造就不再享有制造、使用、销售等独占权。这时,原来受法律保护的发明创造就成为社会的公共财富,任何人都有权使用。

对专利权的期限,各国专利法都有明确的规定,对发明专利权的保护期限自申请之日起计算,一般为 10～20 年不等;对使用新型核外观设计专利的期限,大部分国家规定为 5～10 年。《中华人民共和国专利法》(以下简称《专利法》)第四十二条规定"发明专利权的期限为 20 年,实用新型和外观设计专利的期限为 10 年,均自申请之日起计算"。基于专利权的这一特征,在做出专利许可、进行专利技术贸易时应特别关注专利的有效性问题。

（三）专利的类型及保护期限

专利主要有发明专利、实用新型专利、外观设计专利三类。

1. 发明专利

发明专利是对产品、方法或者其改进所提出的新的技术方案。例如电灯原本用钨丝发光,改进后采用其他材质。

2. 实用新型专利

实用新型专利是对产品的形状、构造或者其结合所提出的实用的新的技术方案。例如在电灯结构上稍做改进,以延长发光时间。

3. 外观设计专利

外观设计专利是对产品的形状、图案或者两者的结合,以及色彩与形状、图案的结合所做出的富有美感并适于工业应用的新设计。例如将电灯从圆形改为方形,或在表面画上图案。

专利的不同类型及其保护期限如表 5-12 所示。

表 5-12　专利的不同类型及其保护期限

类　型	发　明	实用新型	外观设计
申请对象	产品、方法及其结合的新的技术方案	产品的形状、构造及其结合的新的技术方案	产品的形状、图案或者其结合,以及色彩与形状、图案的结合的新设计
程序	初步审查、实质审查	初步审查	初步审查
我国保护期限	20 年	10 年	10 年

案例 5.1

京津冀实现 5 300 余项专利数据三地共享

国家知识产权局新闻发言人于 2023 年 12 月 14 日在河北雄安举行的"知识产权助力京津冀优化创新环境和营商环境"新闻发布会上介绍,国家知识产权局指导京津冀三地深入开展专利开放许可试点,实现了 5 300 余项专利开放许可数据在三地共享。

国家知识产权局为提升京津冀三地专利转化运用效益,支持中小企业和重点产业创新发展,做好《专利转化运用专项行动方案(2023—2025 年)》中相关任务的落实,将三地纳入专利转化专项计划重点支持省(市)。国家知识产权局指导京津冀三地深入开展专利开放许可试点,在区域内高校、科研院所和中小企业之间搭建了促进专利转化运用的"鹊桥"。截至 2022 年,国家知识产权局已支持京津冀三地培育国家知识产权示范企业 132 家、优势企业 491 家,打造出了一批知识产权运用能力强、转化效益高的标杆企业。2023 年,国家知识产权局支持在京津冀地区建设了多家产业知识产权运营中心,涉及光伏、现代化工、能源互联网、卫星互联网、网络安全、核能等多个重点产业,为知识产权的供需对接、交易流转提供了有力支撑。

(资料来源:宋晨、袁全,搭建专利转化"鹊桥"　京津冀实现 5 300 余项专利数据三地共享,新华网)

（四）专利的申请流程

我国专利申请的一般流程如下。

1. 确定申请类型

首先确定自己要申请的专利是发明专利、新型实用专利还是外观设计专利。不同类型的专利保护期限不同。

2. 准备专利申请文件

专利申请文件的填写和撰写有特定的要求，申请人可以自行填写或撰写，也可以委托专利代理机构代为办理。尽管委托专利代理是非强制性的，但是考虑到精心填写或撰写专利申请文件的重要性，以及审批程序的法律严谨性，对经验不多的申请人来说，委托专利代理是值得考虑的。

申请不同类型的专利要求准备的文件不同。

（1）申请发明专利的，申请文件应当包括发明专利请求书、权利要求书、说明书（必要时有附图）、说明书摘要（必要时有附图）等。

（2）申请实用新型专利的，申请文件应当包括实用新型专利请求书、权利要求书、说明书、说明书附图、说明书摘要、摘要附图等。

（3）申请外观设计专利的，申请文件应当包括外观设计专利请求书、外观设计图片或照片等。要求保护色彩的，应当提交彩色和黑白的图片或照片各一份。如果图片或照片需要说明，应当提交外观设计简要说明。

申请文件的各部分应按以下顺序排列：专利请求书、说明书摘要、摘要附图、权利要求书、说明书、说明书附图、其他文件。外观设计专利的申请文件应按专利请求书、图片或照片、简要说明、其他文件的顺序排列。

专利申请书有固定的格式，可以在国家知识产权局的官网上，找到申请专利相关的表格，直接下载、填写，也可以去"中国专利电子申请网"注册，在线申请专利。

3. 提交专利申请

专利申请的提交形式有电子文件形式和书面形式。

申请人以电子文件形式申请专利的，应当事先办理电子申请用户注册手续，通过专利局专利电子申请系统向专利局提交申请文件及其他文件。

申请人以书面形式申请专利的，可以将申请文件及其他文件当面交到专利局的受理窗口或寄至国家知识产权局专利局受理处，也可以当面交或寄至设在地方的专利局代办处受理窗口。国防知识产权局专门受理国防专利申请。

4. 受理专利申请

专利局受理处或各专利局代办处收到专利申请后，对符合受理条件的申请，将确定申请日，给予申请号，发出受理通知书。

5. 缴纳费用

申请费及其他费用都可以直接向专利局收费处或专利局代办处面交,或通过银行、邮局汇付。目前,银行采用电子划拨方式,邮局采用电子汇兑方式。缴费人通过银行或邮局缴付专利费用时,应当在汇单上写明正确的申请号或者专利号,缴纳费用的名称使用简称。汇款人应当要求银行或邮局工作人员在汇款附言栏中录入缴费信息,通过邮局汇款的,还应当要求邮局工作人员录入完整通信地址及邮政编码。

面交专利申请文件的,可以在取得受理通知书及缴纳申请费通知书以后缴纳申请费。通过邮寄方式提交申请的,应当在收到受理通知书及缴纳申请费通知书以后再缴纳申请费,因为缴纳申请费需要写明相应的申请号,但是缴纳申请费的日期最迟不得超过自申请日起两个月。

6. 审批专利

依据专利法,发明专利申请的审批程序包括受理、初审、公布、实审及授权五个阶段。实用新型专利或者外观设计专利申请在审批中不进行公布和实质审查,只有受理、初审和授权三个阶段。

7. 主动修改和补正专利申请文件

对专利申请文件的主动修改和补正是申请人可以视需要选择的环节。实用新型专利和外观设计专利申请只允许在申请日起两个月内提出主动修改,发明专利申请只允许在提出实审请求时和收到专利局发出的发明专利申请进入实质审查阶段通知书之日起三个月内对专利申请文件进行主动修改。

8. 答复专利局的各种通知书

(1)应遵守答复期限,针对审查意见通知书指出的问题,分类逐条答复。答复可以表示同意审查员的意见,按照审查意见办理补正或者对申请进行修改;不同意审查员意见的,应陈述意见及理由。

(2)格式或者手续方面的缺陷,一般可以通过补正弥补;明显实质性缺陷一般难以通过补正或者修改弥补,多数情况下只能就是否存在或属于明显实质性缺陷进行申辩和陈述意见。

(3)对发明专利和实用新型专利申请的补正或者修改均不得超出原说明书和权利要求书记载的范围,对外观设计专利申请的修改不得超出原图片或者照片表示的范围。修改文件应当按照规定格式提交替换页。

(4)答复应当按照规定的格式提交文件,如提交补正书或意见陈述书。一般补正形式问题或手续方面的问题使用补正书;修改申请的实质内容使用意见陈述书;申请人不同意审查员意见,进行申辩时使用意见陈述书。

9. 专利申请被视为撤回及其恢复

逾期未办理规定手续的,申请将被视为撤回,专利局将发出视为撤回通知书。申请人如有正当理由,可以在收到视为撤回通知书之日起两个月内,向专利局请求恢复权利,并说明理由。请求恢复权利的,应当提交恢复权利请求书,说明耽误期限的正当理由,缴纳恢复费,同时补办未完成的各种应当办理的手续。补办手续及补缴费用一般应当在两个月内完成。

10. **办理专利权登记手续**

实用新型专利和外观设计专利申请经初步审查,发明专利申请经实质审查,未发现驳回理由的,专利局将发出授权通知书和办理登记手续通知书。申请人接到授权通知书和办理登记手续通知书以后,应当按照通知的要求在两个月之内办理登记手续并缴纳规定的费用。在期限内办理了登记手续并缴纳了规定费用的,专利局将授予其专利权,为其颁发专利证书,在专利登记簿上记录,并在专利公报上公告,专利权自公告之日起生效。未在规定的期限内按规定办理登记手续的,视为放弃取得专利权的权利。

11. **办理登记手续应缴纳的费用**

办理登记手续时,申请人需按规定缴纳专利登记费(包括公告印刷费用)和授权当年的年费、印花税。发明专利申请授权时,距申请日超过两年的,还应当缴纳申请维持费。申请人应在授权当年按照办理登记手续通知书中指明的年度缴纳相应费用。

12. **维持专利权**

专利申请被授予专利权后,专利权人应于每一年度期满前一个月预缴下一年度的年费。如期满未缴纳或未缴足,专利局将发出缴费通知书,通知专利权人自应当缴纳年费期满之日起六个月内补缴,同时缴纳滞纳金。期满未缴纳的或者缴纳数额不足的,专利权自应缴纳年费期满之日起终止。

13. **终止专利权**

专利权的终止根据原因可分为三种。

(1) 期限届满终止。发明专利权自申请日起算维持 20 年,实用新型专利和外观设计专利权自申请日起算维持满 10 年,依法终止。

(2) 未缴费终止。专利局发出缴费通知书,通知专利权人缴纳年费及滞纳金后,专利权人仍未缴纳或缴足年费及滞纳金的,专利权自上一年度期满之日起终止。

(3) 专利权人主动请求放弃其专利权。

14. **专利权无效**

自授权之日起,任何单位或个人认为该专利权的授予不符合专利法有关规定的,都可以请求宣告该专利权无效。请求宣告专利权无效或者部分无效的,应当按规定缴纳费用,提交无效宣告请求书,写明请求宣告无效的专利名称、专利号并写明依据的事实和理由,附上必要的证据。对关于专利的无效请求所做出的决定如有不服,可以在收到通知之日起三个月内向人民法院起诉。专利局在决定发生法律效力以后予以登记和公告。被宣告无效的专利权视为自始即不存在。

(五) **专利授权的条件**

授予专利权的条件包括两方面:形式条件和实质条件。

所谓形式条件,是指专利局对专利申请进行过初步审查、实质审查,具备授予专利权所必要的文件,履行了必需手续。这就是说,专利申请需采用书面形式进行,并需提交符合一定格式和内容要求的申请文件。实质条件可确定申请专利保护的发明创造有无专利性,这是确定能否授予专利权的关键。

授予外观设计专利的实质条件为与申请日以前在国内外出版物上公开发表过或者国内公开使用过的外观设计不相同或者不相似。被授予专利权的发明专利或实用新型专利,应当具备新颖性、创造性和实用性。新颖性是指申请专利的发明或者实用新型不属于现有技术,申请专利的外观设计与现有的外观设计不相同或者不相似。创造性是指申请专利的发明或实用新型与同类型的现有技术相比具有进步性、先进性。实用性是指一项发明或者实用新型必须可被应用于实际目的并能产生积极效果。

课 堂 练 习 5.5

1. 请同学们认真观察某共享充电宝的外观(图5-4)。

图5-4　某共享充电宝外观

2. 请同学们5~8人为一组,为共享充电宝设计外观。
3. 全体同学投票,选出大家最喜欢的外观设计。
4. 教师点评,同学互评。

(六)专利创新与布局管理

1. 专利创新的作用

专利具有新颖性和创造性,具有以下用途。

(1)鼓励创新。专利方面的创新包括学校、科研院所在科研方面的创新和企业员工研发的创新。

(2)保护知识产权。专利可以用来保护企业或个人的知识产权,防止创新成果被他人随意窃取。

(3)打专利战。当企业或个人有足够多的专利时,可以通过打专利战来保护自己。

(4)广告宣传。专利是一种很好的宣传手段,很多企业会关注其他企业的专利动态。

(5)专利垄断。获得专利权,在这个专利的保护范围内就形成了垄断,但在市场中能不能形成垄断,还得看专利的性质,如果专利属于基础专利,就很可能垄断市场。

(6)专利转让。专利转让是拥有专利申请权或专利权者把专利申请权或专利权让给他人的一种法律行为,包括出售、折股投资等多种形式。

2.专利的管理

(1)建立专利管理流程。不同的企业,其专利管理流程并不相同。通常情况下,专利管理流程有以下三种类型:

① 总监或经理—知识产权办—分公司专利工程师或代理人—研发部;

② 技术研发中心—知识产权办—分公司专利工程师或代理人;

③ 技术部、法务部、其他部门—专利工作者。

(2)分工合作机制。企业各部门应建立分工合作的专利管理机制,如图5-5所示。

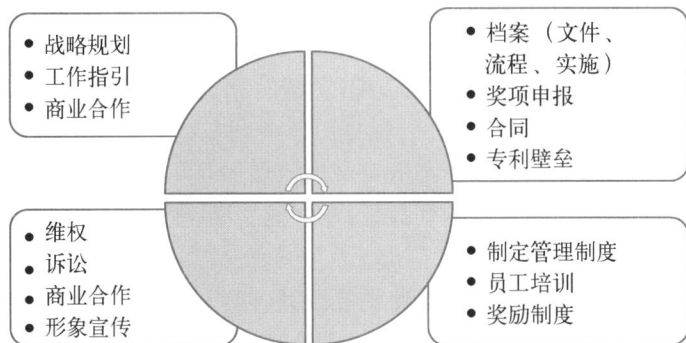

图5-5　分工合作的专利管理机制

(3)专利布局。如图5-6所示,企业要合理确定专利竞争中的"防"与"攻"。

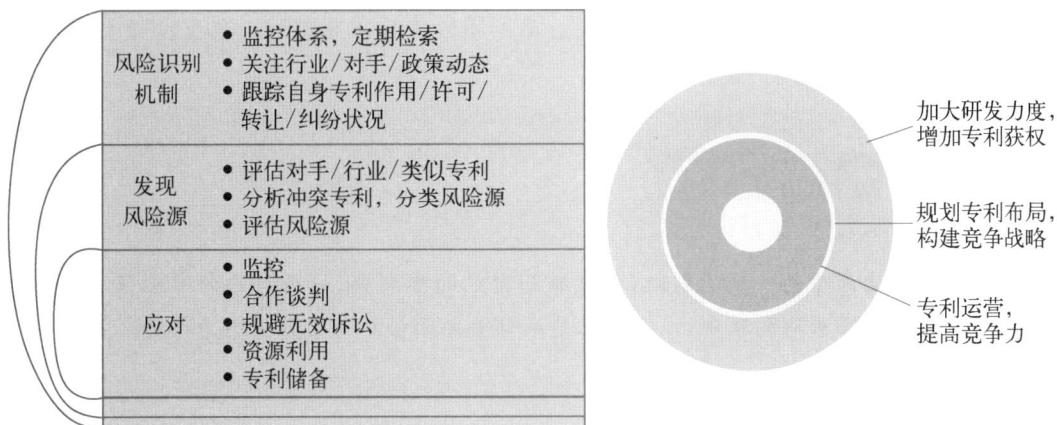

图5-6　专利布局策略

专利申请的价值是通过专利组合的方式来体现的,零散的专利申请往往会给后来者的绕道设计留下空间,这也是那些想通过独家技术来构建专利壁垒,排除后来者的抄袭行为的企业所不愿意看到的。专利组合应该不是简单的"1+1=2",而是让专利与专利相互连接、相互作用,产生"1+1>2"的效果。

专利布局需要对产品或技术做出具体的专利申请的判断,需要分析申请哪些技术方案、不申请哪些技术方案、申请什么类型的专利、申请哪些国家(地区)的专利。如果涉及的问题较多,建议由专利代理人或熟悉专利(而不是技术)的人给出建议,然后由熟悉技术、市场的人根据建议做出判断。

技术方案并不等于实际的产品或技术,一项产品或技术可能涉及多处创新,涉及多项技术方案,需要针对每一项考虑其保护的范围,通过专利组合实现全面覆盖。

(4)专利分析。核心专利和技术是其企业参与市场竞争的有力武器,因此专利分析非常重要。专利分析是通过专利搜索技巧,检索出与拟申请布局的专利主题相关的专利数据,运用专利分析技能将零散、琐碎的专利数据转化成系统化、有价值的专利知识。专利分析是一种选择,而不是一种规则。要厘清需求,选择最有价值的专利分析方式,从而找到最有价值的专利布局思路。专利分析主要有两种。

① 专利趋势分析。通过专利趋势分析,可以了解整个产业技术领域专利产出数量的发展趋势。例如:根据历年公告专利数量比较图,了解专利技术的发展成果;根据历年申请专利数量比较图,了解专利技术的萌芽时间;根据历年专利权人数量比较图,了解竞争对手的参与程度;根据专利所属国分析各国专利数量产出情形和专利人数比较,了解该国投入此产业技术研发的情形;根据竞争对手的专利数量、专利成长率、专利发明人数,了解竞争对手对专利技术的研发能力。

② 技术生命周期分析。根据技术生命周期阶段,可以了解相关技术的变化过程,其具体阶段如下。第一阶段为技术萌芽期。企业的投入意愿低,专利的申请件数与专利权人数均较少,专利共有或委托研究的情况较多。第二阶段为技术成长期。技术有突破或企业对其市场价值有了认知,竞相投入发展,专利的申请量与申请人数会大幅上升。第三阶段为技术成熟期。少数企业大肆扩张专利申请,构筑专利围墙,以阻止其他企业进入该领域,这一时期专利申请量激增,但申请人数增长减缓。第四阶段为技术瓶颈期。企业投资于研发的资源不再扩张。

课堂练习5.6

请结合自己生活中的一项小创新,尝试布局自己的专利群,形成自己的专利保护网,并向同学分享自己布局专利的理由,以及自己是从哪些方面保护自己的知识产权的。

二、商标管理

案例5.2

“冰墩墩”等429件商标注册申请被驳回

北京冬奥会举办后,“冰墩墩”“谷爱凌”成为热词。这让一部分人动起了歪念头,纷纷抢注相关商标。国家知识产权局依据《奥林匹克标志保护条例》和《中华人民共和国商标法》等的规定,对“冰墩墩”“谷爱凌”等429件商标注册申请予以驳回,并对已注册的“雪墩墩”等43件商标宣告无效。由于违反相关法律规定,实践中此类商标通过注册申请的概率很小,即使商标注册申请人使用不正当手段使此类商标通过注册申请,商标局也可以以该商标"有损国家社会公共利益"为由,依职权主动撤销或对该注册商标宣告无效。

针对奥运健儿姓名被申请注册商标事宜,中国奥委会也曾发布郑重提示,不得以奥运健儿姓名恶意抢注商标,有上述行为的应及时撤回和停止实施商标注册申请。国家知识产权局发布通告,对"杨倩""陈梦"等抢注商标依据相关规定予以快速驳回,并曝光了申请人和代理机构名单。从国家知识产权局驳回的相关名单中可以发现,抢注知名奥运健儿姓名关联商标的个人和企业来自全国多地,代理机构中不乏知名互联网企业。每逢舆论关注的重大事件发生,总有一些机构恶意抢注商标。

社会公众所熟知的人物姓名与自身商业价值紧密关联。如商标注册人未取得本人授权而进行抢注,并且有胁迫该姓名权权利人进行合作,或索要高额商标转让费、许可使用费等行为,则属于恶意抢注。抢注行为的核心判定要件为"不以使用为目的"与"恶意"。无正当理由大量囤积商标、大批量申请注册商标等行为均涉及商标抢注。

(资料来源:赵丽,如何刹住愈演愈烈的恶意抢注风　专家建议对恶意抢注行为适用"惩罚性赔偿",新华网)

(一)商标的基本概念

商标是商品的生产者、经营者在其生产、制造、加工、拣选或者经销的商品上或者服务的提供者在其提供的服务上采用的,用于区别商品或服务来源的具有显著特征的标志,是现代经济的产物。

经商标局核准注册的商标为注册商标,受法律保护。商标通过确保商标注册人享有用以标明商品或服务的标志,或者许可他人使用以获取报酬的专用权,而使商标注册人受到保护。

商标是用来区别一个经营者的商品或服务和其他经营者的商品或服务的标志。我国商标法规定,经商标局核准注册的商标包括商品商标、服务商标、集体商标、证明商标,商标注册人享有商标专用权,受法律保护;如果是驰名商标,会获得跨类别的商标专用权保护。注册商标具有排他性、独占性、唯一性等特点。注册商标为注册商标所有人所独占,受法律保护,任何企业或个人未经注册商标所有权人许可或授权,均不可自行使用,否则将承担侵权责任。

右上角加注的"®"是注册商标的标记,意思是该商标已在国家商标局进行注册并已经商标局审查通过。圆圈里的 R 是英文单词 register(注册)的开头字母。右上角加注"TM"则是商标申请注册中的意思,即标注"TM"的文字、图形或符号是正在等待核准的商标,商标局已经受理注册申请,但不一定会核准注册。TM 是英文单词 trademark(商标)的缩写。

(二)商标的构成及主要特征

1. 商标的构成

在商业领域而言,文字、图形、字母、数字、三维标志、颜色组合和声音,以及上述要素的组合,均可作为商标申请注册。

构成商标的字母是指拼音文字或注音符号的最小书写单位,包括拼音文字、外文字母(如英文字母、拉丁字母等)。

三维标志,又可称为立体标志,是具有长、宽、高三种度量的立体物标志。以三维标志构成商标标志的称为立体商标,它与我们通常所见的表现在平面上的商标图案不同,是以立体物形态出现的,这种形态可能表现在商品的外形上,也可以表现在商品的容器或其他地方。

独特、新颖的颜色组合不仅可以给人以美感,而且具有显著性,能起到表示产品或者来源的作用,也能起到区别生产者、经营者或者服务者的作用。

商标要素可以单独作为商标注册,也可以将两个或两个以上相同或不相同的要素任意组合,但必须符合商标法的有关规定。构成商标的文字、图形、字母、数字、三维标志或其组合的颜色,在申请注册商标时若未明确提出指定颜色要求,均按黑白颜色注册,也按黑白颜色保护。明确提出指定颜色或颜色组合的,则按所指定的颜色或颜色组合注册,也按指定颜色或颜色组合保护。

案例 5.3

"真假荣华"的商标争夺战

每到中秋节,月饼市场热闹非凡,传统品牌与新品牌互有攻守。传统品牌当中,"荣华"是很多人耳熟能详的品牌。但消费者可能有所不知,市场上曾有两家"荣华",双方从 20 世纪 90 年代就开始了商标的争夺。

两个"荣华"都是老品牌,分别是诞生于广东的苏氏荣华、诞生于香港的元朗荣华。1983 年,苏氏荣华饼食店在广东顺德成立,开始销售荣华月饼,其产品凭借不错的口碑风行大江南北。元朗荣华则于 20 世纪 70 年代成立大荣华酒楼,开始发展饼食业务,20 世纪 90 年代开始推进月饼在内地市场的发展。两家"荣华"在内地市场正面相遇,一场关于"真假荣华"的争夺战就此拉开帷幕。

事实上,两家企业都曾试图申请"荣华"商标,但山东沂水县永乐糖果厂已于1990年注册了"荣华"商标。因此,两家月饼企业的商标申请都被驳回。苏氏荣华了解相关情况后,便与山东沂水县永乐糖果厂接触,并最终通过受让取得了"荣华"商标。按苏氏荣华的想法,自己使用该商标应该名正言顺了。但元朗荣华认为自己旗下的同品牌月饼在内地已经形成了一定的影响力,虽然没有注册商标,但应属于知名商品的特有名称。于是,元朗荣华以不正当竞争为由,将苏氏荣华告上了法庭。

当时,财大气粗的元朗荣华赞助了新华社香港分社主办的世界女排大奖赛等活动,影响力较大,财力、规模和法律意识都优于苏氏荣华。苏氏荣华则对知识产权领域的连环诉讼缺少经验,对于不利诉讼结果带来的不良后果也缺少认知,本着息事宁人的态度,没有全力争取自身权益。"躺在权利上睡觉"的结果是名誉和经济的双重损失。总以被告的身份出现,也让人怀疑苏氏荣华理亏。

于是,苏氏荣华开始寻求专业法律团队的帮助,通过一系列诉讼行为和行政程序,从"被动挨打"转变为"主动出击"。终于,北京高院确认苏氏荣华享有"荣华"商标权,明确元朗荣华对苏氏荣华构成侵权行为,并判元朗荣华对苏氏荣华补偿一定经济损失。长达多年的"荣华"商标之争有了实质性结论,苏氏荣华可以光明正大地使用"荣华月饼",元朗荣华则标注"元朗荣华"等字样。两家企业由于知识产权意识薄弱,在多年对抗过程中均付出了巨大代价。企业在商标战略布局时就应考虑周全,不给自己留下隐患。

2. 商标的主要特征

(1) 商标是用于商品或服务上的标志,与商品或服务不能分离,并依附于商品或服务。

(2) 商标是商品或服务区别于其他商品或服务的标志,具有显著的区别功能,从而便于消费者识别。

(3) 商标具有独占性。商标权所有人对其商标具有专用权,受到法律的保护,未经商标权所有人的许可,任何人不得擅自使用与注册商标相同或类似的商标,否则,即侵犯商标权所有人的商标专用权,将承担相应的法律责任。

(4) 商标是一种无形资产,具有价值。商标代表着企业信誉、形象,商标权所有人通过商标的创意、设计、申请注册、广告宣传及使用,使商标具有了价值,也增加了商品的附加值。商标的价值可以通过评估确定。商标可以有偿转让,也可以经商标权所有人同意,许可他人使用。

(5) 商标是商品信息的载体,是参与市场竞争的工具。生产者、经营者间的竞争就是商品或服务质量与信誉的竞争,其表现形式就是商标知名度的竞争,商标的知名度越高,其商品或服务的竞争力就越大。

(三) 商标对企业发展的意义

商标已成为企业和国家发展的重要战略性资源和推动市场经济发展的强大动力,在一定程度上代表着一个企业、一个地区乃至一个国家的经济实力、发展水平和整体形象。特别是驰名商标,既是企业的无形资产,又是社会的资源和财富。

1. 商标是一种信息资源,具有传递信息的功能

商标是产品的标志,它表明产品的来源,向消费者传递产品的信息,起着创造消费、刺激和引导需求的作用。任何商标都代表着它所依附的特定产品的质量和标准,也在某种程度上表明了生产者或经营者对该产品所承担的品质责任,从而保证消费者能在互相竞争的同类产品中凭借商标对产品进行选择和识别。因此,商标是一种信息资源,有创造价值的功能,企业通过对商标的广泛宣传而为消费者所熟知,开拓出市场,从而获得收益。

2. 商标是企业形象和信誉的集中表现

企业通过商标的显著性、新颖性等具体特征向消费者展示其形象和信誉,加深消费者对其产品的印象,引起消费者的注意,刺激消费者购买的欲望,进而达到扩大产品销量的最终目的。同时,良好的品牌形象还可以提升消费者对商标的忠诚度,促使消费者反复购买。因此,商标的知名度越高,企业的形象和信誉越好。

3. 商标是企业的无形资产

商标凝聚着生产企业人员的智慧和劳动,是一种无形的财产。企业的经营者必须重视商标的这一特殊作用,尽量给产品起一个好名称,在质量可靠的前提下广泛宣传,提升产品商标的知名度,从而促进产品的销售,巩固其市场地位。

4. 商标是企业进行市场竞争的有力武器

商标是企业的产品进入市场的敲门砖。竞争是市场经济固有的经济规律。企业要立于不败之地,提高市场占有率,必然要进行推销、广告宣传等多种形式的竞争。现代企业往往会通过对商标的广告宣传,建立品牌知名度,使产品顺利打入市场。同时,依靠商标的知名度,企业又会不断开拓进取,不断提高产品质量,增加产品的附加值,巩固已有的市场份额,并不断提升市场占有率,在竞争中占据优势地位。

从我国的法律规定来看,对于商标的价值,国家不仅承认,而且越来越重视。商标是企业极为重要的财产,如果善于运用,可以给企业带来财富。企业的商标权是一座可以为企业带来实实在在利益的金矿。

三、著作权保护

(一) 著作权的基本概念

著作权是指作者对其创作的文学、艺术和科学技术等作品所享有的专有权利。著作权是公民、法人依法享有的一种民事权利,属于无形财产权。

在中国境内,凡是中国公民、法人或者非法人单位的作品,不论是否发表,都享有著作权;外国人的作品首先在中国境内发表的,也依著作权法享有著作权;外国人在中国境外发表的作品,根据其所属国与中国签订的协议或者共同参加的国际条约享有著作权。

广义的著作权包括著作权(狭义的)、著作邻接权、计算机软件著作权等,是著作权人对作品独占利用的排他的权利。狭义的著作权又分为发表权、署名权、修改权、保护作品完整权等。

案例5.4

轻微修改后销售他人视频被判侵权

2023年5月,北京互联网法院向社会公布了多起涉数字教育著作权纠纷典型案例。其中一起案例中,因修改并销售他人享有著作权的"美睫视频教程"牟利,王某某被判赔偿对方3万余元。

原告组织主讲老师张某、摄影师熊某拍摄了"美睫视频教程",并与其签订了拍摄合作协议,约定著作权由原告享有。被告王某某在原告不知情的情况下,盗取了其组织制作的"美睫视频教程",稍做处理后上传至一网站,以每份99元的价格出售。经法院比对,除原版视频画面右下角带有品牌标识,相比被控侵权视频时长略长之外,原版视频与被控侵权视频在各方面均高度一致。原告认为,涉案视频是其委托他人摄制而成,著作权依法由其享有,被告销售与该视频除品牌标识和时长略有不同以外其他各方面高度一致的视频,侵害了原告的信息网络传播权。王某某辩称,原告不能证明其享有涉案视频的著作权或其他权利,不具备本案诉讼主体资格。

法院认为,具有拍摄者独创性表达的视频属于视听作品,受著作权法的保护。涉案视频系讲师讲授美睫教程的视频,内容包括讲师的口头讲授、实操演示及幻灯片展示等,存在机位的变化、镜头的调整及内容的剪辑,最终形成的连续画面是拍摄者对多台设备拍摄的多个镜头进行个性化选择、编排的结果,应当认为涉案视频系拍摄者的独创性表达,属于视听作品。最终,北京互联网法院判决被告赔偿原告经济损失3万元及合理开支375元。

(资料来源:张雪泓,北京互联网法院公布著作权纠纷典型案例　轻微修改后销售他人视频被判赔,新华网)

著作权的主体是作者和其他依法享有著作权的公民、法人或者其他组织。

著作权的客体是作品,是指文学、艺术和科学技术领域内具有独创性并能以某种有形形式复制的智力成果。作品包括:① 文字作品;② 口述作品;③ 音乐、戏剧、曲艺、舞蹈、杂技艺术作品;④ 美术、建筑作品;⑤ 摄影作品;⑥ 电影作品和以类似摄制电影的方法创作的作品;⑦ 工程设计图、产品设计图、地图、示意图等图形作品和模型作品;⑧ 计算机软件;⑨ 法律、行政法规规定的其他作品。

作品具有以下特征:一是必须是一种智力创作成果;二是具有独创性;三是具有可复制性。

我国著作权法采用自动保护原则。作品一经创作,不论整体还是局部,只要具备了作品的属性即产生著作权,既不要求登记,又不要求发表,也无须在复制物上加注著作权标记。虽然著作权从作品完成之日就自动产生,无须经过登记,但在网络时代,信息复制和传播的速度非常之快,著作权人对复制和传播媒体的控制有难度。作品一旦经过多个渠道广泛流传,要证明原始作者的身份就有一定困难性,因此,主动申请著作权登记是证明著作权人身份的最好办法。

关于著作权的保护期限,作品的作者是公民的,保护期限至作者死亡之后第50年的

12 月 31 日止;作品的作者是法人、其他组织的,保护期限至首次发表后第 50 年的 12 月 31 日止。作者的署名权、修改权、保护作品完整权的保护期不受限制。

（二）著作权的归属原则

著作权法规定著作权属于作者,另有规定的除外。创作作品的公民是作者。代表法人或者其他组织意志创作,并由法人或者其他组织承担责任的作品,法人或者其他组织视为作者。如无相反证明,在作品上署名的公民、法人或者其他组织为作者。

1. 合作作品

两人及以上合作创作的作品,著作权由合作作者共同享有。没有参加创作的人不能成为合作作者。合作作品可以分割使用的,作者可以对各自创作的部分单独享有著作权,但行使著作权时不得侵犯合作作品整体的著作权。

2. 汇编作品

汇编若干作品、作品片段、不构成作品的数据或者其他材料,对其内容的选择或者编排体现独创性的作品为汇编作品,其著作权由汇编人享有,但行使著作权时,不得侵犯原作品的著作权。

3. 委托作品

对受委托创作的作品,著作权的归属由委托人和受托人通过合同约定。合同未明确约定或者没有订立合同的,著作权属于受托人。

4. 视听作品

电影作品和以类似摄制电影的方法创作的作品的著作权由制片者享有,但编剧、导演、摄影、作词、作曲等作者享有署名权,并有权按照与制片者签订的合同获得报酬。电影作品和以类似摄制电影的方法创作的作品中的剧本、音乐等可以单独使用的作品的作者可以单独行使其著作权。

5. 职务作品

公民为完成法人或者其他组织的工作任务而创作的作品是职务作品,除著作权法另有规定的以外,著作权由作者享有,但法人或者其他组织有权在其业务范围内优先使用作品。作品完成两年内,未经单位同意,作者不得许可第三人以与单位使用的相同方式使用该作品。

总结案例

知识产权成就企业发展硬实力

2023 年 11 月,在位于山东烟台开发区的博森科技发展有限公司生产车间里,工人们正有条不紊地制造一台超大型机床辅机。博森科技生产部数字化专员介绍:"这台机器需要上万个零部件,以往这样繁杂的零件生产让我们头疼不已,如今借助数字化技术的应用,真正实现了自动化线上操作,工人的生产效率大幅提高。"

支撑博森制造"轻装上阵"的,正是山东恒远智能科技有限公司的"蜂巢工厂"。凭借长期积累形成的海量工业机理模型和算法优势,恒远科技搭建了一个可以复制的物联网运营模型,先后为全国 500 余家装备制造企业提供数字化转型服务。"我们的核心产品'蜂巢工厂'应用边缘计算、云计算、大数据、人工智能等新一代信息技术,为高端装备制造企业提供一站式数智化转型解决方案,关键技术在细分领域填补国内空白。"恒远科技董事长介绍,知识产权已成为恒远科技发展的硬实力,该公司现阶段拥有相关知识产权 100 余

项、6 个全国工业互联网优秀应用案例,并成功获评国家级专精特新"小巨人"企业。

　　一头连着创新,一头连着市场,知识产权这座桥梁从提升全链条价值角度发力,打通的是创造与运用良性循环的"动脉",已成为企业发展的硬实力。近年来,烟台市以国家知识产权强国建设示范城市建设为引领,深入开展知识产权高质量发展三年行动,着力实施知识产权强企培育工程,印发《烟台市知识产权优势企业管理办法》,对新认定的优势示范企业给予资金奖励,全力营造一流知识产权发展环境。

　　眼下,在烟台,众多有利于保护知识产权的政策措施相继实施,并展现出积极成效。截至 2023 年,烟台市拥有国家知识产权示范企业 35 家、优势企业 54 家,国家知识产权示范优势企业数量居全省前列;累计认定市知识产权优势企业 87 家、优势培育企业 128 家。

实 训 实 践 5.3

企业如何做好知识产权保护

　　请同学们自由分组,每组 5~7 人。小组就下面的材料展开讨论,谈谈企业该如何应对这样的知识产权侵权行为,并派一名代表向全班同学介绍本组的方案。

　　某公司设计了一款具有运动监测、健康监测等功能的智能手环,尚未投产,但预计投入市场后会有较好的经济效益。某产品线经理认为该产品市场前景广阔、有利可图,于是利用职务之便,伙同研发管理部部长、研发工程师,从公司窃取了该产品的研发文档和源代码。三人在窃取机密后遂辞职单干,利用原公司的研发文档和源代码,抢先生产出一款功能、外观类似的智能手环,并火速投入市场,牟利数百万元。

　　该公司如要捍卫自己的知识产权,应该如何证明产品线经理等人侵犯了自己的商业秘密?为了更好地保护知识产权,公司未来应该怎么做?

任务四　推动企业成长

学习目标

1. 了解企业成长的一般规律,认识企业成长面临的主要风险,掌握如何培养企业的核心竞争力和如何制定企业战略。

2. 能根据企业面临的风险采取合适的应对方式,能制定适合企业发展状况的战略。

3. 增强风险意识,树立未雨绸缪的观念,具备谨慎、果断的态度。

课前活动

时间:15 分钟。

场地:教室。

道具:大白纸、马克笔。

活动步骤:

1. 全班同学分成几个小组,每组选择一家优秀企业,分析其核心竞争力是什么。

2. 把讨论结果写在大白纸上进行展示。

3. 每个小组派出一名同学进行阐述。教师对各组观点进行点评。

导入案例

拼多多在社交电商领域的成长之路

自成立以来,拼多多便凭借其独特的社交电商模式迅速发展,并成为中国电商行业的一匹黑马。

拼多多最初的创意是基于团购的模式,通过引导用户以低价购买商品并邀请更多人参与来享受更低的价格,从而实现销量和用户增长。这种模式在中国的三、四线城市和农村地区迅速取得了成功。通过以低价吸引大量用户,拼多多迅速建立了庞大的用户基础,并确立了自己在社交电商领域的地位。

拼多多在发展初期面临众多挑战,例如产品质量、物流配送等方面的问题。然而,拼多多及时进行调整,加大对商品质量的监督力度,改善物流配送体系,有效提升了用户体验。此外,拼多多还聚焦于农村市场,推出更适合农村用户需求的商品,并与当地农民合作,形成"农民下乡"销售模式。这些举措为拼多多在农村市场的快速增长奠定了基础。

伴随着用户数量的增加,拼多多逐渐引入更多的功能和服务,丰富用户体验。例如,推出社交分享功能,用户可以通过朋友圈分享自己购买的商品,并邀请朋友参与团购,从而享受更低的价格。这种模式不仅提高了用户的参与度,而且为用户提供了社交分享的机会,增加了用户之间的互动。

同时,拼多多还积极与品牌商合作,引入更多品牌商品,提升用户购物体验和忠诚度。拼多多通过与品牌商建立合作关系,提供更多优惠和促销活动,并利用大数据分析用户购买行为,为品牌商提供精准的用户画像和推广方案,全面提升平台的商品质量和用户满意度。

一、企业成长的一般规律

1989 年,美国爱迪思研究所创始人伊查克·爱迪思提出了企业生命周期理论。他认为企业生命周期是指企业从创办到消亡所经历的自然时间,包括初创期、成长期、成熟期和衰退期四个阶段。由于受经济周期、产业生命周期、资源周期、治理周期等因素的综合影响,企业的盈利状况表现出周期性特征,导致企业的发展过程表现出周期性特征。企业在不同的发展期有不同的特征,会面对不同的管理问题,集中体现在市场、产品、内部组织及流程、人员四个方面。

（一）初创期

创业者开办企业的基本理由是对市场需求有所把握和预测,并能够组织资源开发出符合市场需求的新产品。在这一时期,新产品刚刚上市,顾客对产品知之甚少,市场前景不明朗,竞争对手很少,彼此之间也很少直接交锋;创业团队目标一致,高度团结;组织很不正规,没有明确的分工,采取个人独立工作或分散的小组运作方式,但效率高,大家相互协作,创业的灵魂人物对每个人都施加影响。创业期企业面临的主要问题是市场问题和产品的创新问题。

（二）成长期

随着新产品打开市场局面,企业业务快速发展,企业进入成长期。在这一时期,顾客的产品知识日益丰富,在质量、价格、交货等方面提出了更高的要求;竞争对手增加,竞争范围扩大,企业面对的价格竞争压力越来越大;为了扩大规模,占据有利的市场地位,企业不再满足于单一产品的发展,转向产品多元化开发。

在人员方面,大量新员工涌入,给企业原有的价值观和行为规范带来巨大的冲击;领导者不可能再管到每个人;中层管理者希望有更多的权力和权威;人员素质和水平越来越不能满足企业发展的需要。

在组织和流程方面,职责划分不清、流程运作不畅等问题引起效率下降;部门间协调越来越频繁,出现了大量新的工作、新的问题,部门本位主义日益明显。

（三）成熟期

一般来说,进入成熟期的企业面对的是寡头垄断的市场竞争格局,竞争更加白热化和多样化。顾客不但要求产品质优价廉,更要求在某些方面能给他们提供独特的价值。品牌在市场竞争中越来越重要。企业扩大市场份额很困难,并将付出沉重的代价,但稍不努力,就会面临市场份额的丧失和走下坡路。

在员工层面,创新和创业精神渐渐淡薄,取而代之的是循规蹈矩的思维和按部就班的节奏,官僚作风逐渐形成并日趋严重。组织和流程的僵化问题也日趋严重,组织结构臃肿、繁杂;在组织内部,听不到客户的需求和抱怨;流程运作艰难,效率低下。

这一时期也可分为两个阶段:第一阶段称为成熟前期,第二阶段称为成熟后期。这两个阶段最主要的区别在于成熟前期是骨干企业向大型或较大型企业演变和发展的时期,这一阶段的主要特点是企业内部大多还是单一单位,企业采取的还是企业家式的经营方式,尚未形成成熟的职业经理阶层。此时,企业通过前向一体化和后向一体化获得了原料和销售的控制权,形成了比较完整的产业链。企业资金雄厚、技术先进、人才资源丰富、治理水平提高,具有较强的生存能力和竞争能力。成熟后期则是大企业向现代巨型公司或超级大企业演变的重要时期,它与成熟前期的最大区别在于企业内部的多单位和职业经理阶层的形成。此时,企业已走向内部单位的多元化和集团化,企业能更有效地进行日常业务流程的协调和资源的有效配置,从而实现低速持续成长。但在企业成熟后期,原有产品的市场已饱和,生产能力过剩,企业效益下降,成本开始上升,企业内部出现了官僚主义倾向。要解决这些问题,使企业重新迈入增长轨道,就需要进行技术和治理创新,或通过分立、合并、资产重组等形式,使企业完成业务的蜕变和治理体制的改变。

(四)衰退期

衰退期的企业表现为如下几种情况:一是在成熟前期的企业未实现后期的蜕变而衰退下来;二是在蜕变后,企业自然进入衰退期;三是经蜕变后,企业成为超级大型企业集团,进入新的成长阶段。无论哪一种情况发生,都说明企业遵循生命周期规律。处于衰退期的企业产品市场份额逐渐下降,新产品试制失败,或没有完全被市场接受;治理阶层的官僚主义、本位主义严重,部门之间相互推诿责任,士气低落;出现亏损,股票价格逐渐下跌。此时,被竞争对手接管、兼并的可能性增大,企业生存受到威胁。

如果企业在成熟期后能避开衰退期,即进入持续发展期,便可以实现永续经营的追求。如何在企业文化中注入新的理念和活力,如何克服巨大的成本压力,如何快速响应顾客多样化的需求,如何整合现有业务实现业务转型……这些都是这一时期企业面临的巨大挑战。

课 堂 练 习 5.7

请思考企业在不同的发展阶段会面对的管理问题有哪些,填入表5-13。

表5-13 企业在不同的发展阶段会面对的管理问题

序号	发展阶段	会 遇 到 的 问 题
1	初创期	
2	成长期	

续　表

序号	发展阶段	会 遇 到 的 问 题
3	成熟期	
4	衰退期	

二、企业成长面临的主要风险

做任何一件事情都会有风险,创业更是如此。创业中有哪些风险? 我们又该如何防范?

(一)市场风险

初创企业掌握的社会资源有限,而企业创建、市场开拓、产品推介等工作都需要调动社会资源,初创企业在这方面会感到非常吃力。所以,创业者平时应多参加各种社会实践活动,扩大人际交往的范围。创业前,可以先到相关行业领域工作一段时间,通过这个平台为自己日后创业积累人脉。要想创业成功,创业者必须技术、经营两手抓,可以从合伙创业、家庭创业或运营虚拟店铺开始,锻炼创业能力,也可以聘用职业经理负责企业的日常运作,一方面积累相关的管理和营销经验,另一方面积极参加创业培训,积累创业知识,接受专业指导,提高创业成功率。

如何应对竞争是每家企业都要随时关注的事,初创企业更是如此。如果创业者选择的是一个竞争非常激烈的领域,那么在创业之初极有可能受到同行的强烈排挤。一些大企业为了把小企业吞并或挤垮,常会采用低价销售的手段。对于大企业来说,由于规模效益强大或实力雄厚,短时间的降价并不会对它造成致命的伤害,而对初创企业则可能意味着彻底毁灭的危险。对于具有长远发展目标的创业者来说,他们的目标是不断地发展壮大企业,因此,企业不具有核心竞争力就是最主要的风险。依赖别人的产品或市场来打天下的企业是永远不会成长为优秀企业的。核心竞争力在创业之初可能不是最重要的问题,但要谋求长远的发展,这就是最不可忽视的问题。没有核心竞争力的企业终究会被淘汰出局。因此,考虑好如何应对来自同行的残酷竞争是创业前的必要准备。

(二)资金风险

资金风险在创业初期会一直伴随在创业者左右。是否有足够的资金创办企业是创业者遇到的第一个问题。企业创办起来后,就必须考虑是否有足够的资金支持企业的日常运作。对于初创企业来说,如果连续几个月入不敷出或者有其他原因导致企业的现金流中断,都会给企业带来极大的威胁。相当多的企业会在创办初期因资金紧缺而严重影响业务的拓展,甚至错失商机而不得不关门大吉。

资金难筹几乎是每一个创业者都会遇到的难题。如果没有广阔的融资渠道,创业计划书只能是一纸空谈。创业者应广开渠道,除了银行贷款、自筹资金、民间借贷等传统方式外,还可以充分利用风险投资、天使投资、创业基金等融资渠道。

(三)管理风险

很多创业失败者都是在管理方面出了问题,包括决策随意、信息不通、理念不清、患得患失、用人不当、忽视创新、急功近利、盲目跟风、意志薄弱等。

防止专业人才及业务骨干流失应当是创业者时刻注意的问题,在那些依靠某种技术或专利创业的企业中,掌握关键技术的业务骨干的流失是创业失败的最主要风险源。

现代企业越来越重视团队的力量。创业企业诞生与成长过程中最重要的力量来源就是创业团队,优秀的创业团队能使创业企业迅速地发展起来。但与此同时,风险也蕴含在其中,团队的力量越大,产生的风险也就越大。一旦创业团队的核心成员在某些问题上产生分歧,极有可能对企业造成强烈的冲击。事实上,做好团队成员的协作并非易事。特别是与股权、利益相关联时,很多团队都会闹得不欢而散。

(四)知识、技能风险

有些创业者眼高手低,不了解创业的相关政策、法规,也没有在相关企业的工作、实践经历,缺乏能力和经验,对创业的期望值却非常高。当试图将创业计划转变为实际操作时,才发现自己根本不具备解决问题的能力,这样的创业无异于纸上谈兵。

(五)政策风险

国家在不同时期会根据宏观环境的变化而改变政策(如货币政策、财政政策、行业政策、地区发展政策等),政策发生重大变化,会引起市场的波动,从而给创业者带来风险。

三、培养企业核心竞争力

(一)企业核心竞争力的内涵

所谓核心竞争力,就是指在某一个时间段内企业能够拥有,而竞争对手没有的资源、能力、优势等。企业有,竞争对手也有的就不能算作核心竞争力,只是普通竞争力。

企业核心竞争力是企业通过对其组织资本和社会资本的有机结合,有效地获取、协调和配置各种资源和技术的优势能力,也就是企业自身拥有的在所处行业中占优势地位的资源和能力。企业核心竞争力是企业赖以生存和发展的主要因素。一家成功的企业必定有其核心竞争力,这种竞争力需要开发、培养、不断巩固及更新,因为即使建立了核心竞争力,它也有可能再瓦解。因此,如何保持企业的核心竞争力就成了企业经营管理中的重要问题。

从本质上讲,企业是一系列资源和能力的集合体。因此,每一家企业在其行业中都有较有优势的资源或能力,能帮助企业生存发展,这便可看作企业的核心竞争力。企业的核心竞争力又可分为两种子核心竞争力:行业核心竞争力和板块核心竞争力。行业核心竞争力指的是企业拥有的在所处行业中的优势能力,板块核心竞争力指的是企业在行业的细分市场(战略板块)中进行竞争时所具有的优势能力。

如果企业的行业核心竞争力或板块核心竞争力与市场环境变化带来的机会一致,通过进一步的培养和提升,得以可持续发展,企业便会获得相应的核心竞争力。如果企业能够随着环境变化而变化,并随机调整战略,就能获得核心竞争力的可持续发展。假如企业的核心竞争力和市场机会不一致,企业便应选择适当的战略,对核心竞争力加以弥补和增强,逐渐形成可持续发展的企业核心竞争力。

(二)企业核心竞争力的重要性

企业核心竞争力是明显优于竞争对手且不易被竞争对手模仿的,能够不断提高产品价值并使企业获得可持续发展的能力,是企业最关键的竞争力。更详细地说,企业核心竞争力是企业在拥有高素质人才的条件下,以技术创新为根本,并通过管理创新、营销创新和服务创新等交互作用而形成综合优势或某一方面的绝对优势,从而得以实现长期获利的竞争力。

1. 核心竞争力是价值高的竞争能力

核心竞争力是那些能增加企业外部环境中的机会或减少外部环境中的威胁的竞争力,它能够帮助企业在激烈的市场竞争中保持长期的竞争优势。

2. 核心竞争力是稀有的竞争能力

核心竞争力是企业独一无二的、不为当前和潜在的竞争对手所拥有的竞争力。即使一种竞争力很有价值,如果它可以被许多竞争对手拥有,那么它产生的就只是竞争均势而不是竞争优势。

3. 核心竞争力是难以被模仿和学习的竞争能力

核心竞争力是不易被其他企业模仿和学习的,并且模仿和学习的成本很高。在以下情况下形成的企业的核心竞争力很难被竞争对手模仿和学习:企业核心竞争力的形成有其独特的历史经历和条件;企业核心竞争力与其所表现出的竞争优势之间的联系不易被清楚分析;企业核心竞争力的形成与一定的社会环境因素有关,包括社会文化、价值观念、习俗传统等。

4. 核心竞争力是难以被替代的竞争能力

核心竞争力是难以被替代的,它没有战略性的等价物。企业要取得发展,并获得成功,核心竞争力是关键所在。独一无二,不易被别的企业模仿、学习,难以被替代的竞争力能使企业立于不败之地。

(三) 提升企业核心竞争力的有效途径

1. 以创新推进企业建设

创新是现代企业获得持续竞争力的源泉,是企业发展战略的核心。企业要想在日趋激烈的市场竞争中占有一席之地,必须从知识经济的要求出发,从市场环境的变化出发,不断进行技术、管理、制度、市场战略等诸多方面的创新,并以技术创新为核心。

有了源源不断的技术创新,企业才能不断向市场推出新产品,不断提高产品的知识含量和科技含量,改进生产技术,降低成本,进而提高顾客价值,提高产品的市场竞争力和市场占有率,并适时开拓新的市场领域。

企业还要不断推进企业制度创新、文化创新、技术创新。培育灵活、高效的运行机制,建立独具特色的技术创新体系,是提升企业核心竞争力的中心环节和内在条件。企业制度创新是提升核心竞争力的保证,文化创新是提升核心竞争力的基础,技术创新是提升核心竞争力的关键。

2. 进行人力资源整合

对于想提高竞争力的企业而言,对人力资源的管理是开启成功之门的钥匙。

企业的人力资源是指支持企业经营目标实现的企业内部员工的综合能力和素质。这种能力和素质除了体力和智力,还包括员工的道德水平、信誉和社会关系。人力资源整合是指引导组织内部成员的目标向组织目标靠近,从而改善成员行为、提高组织绩效的过程。通过明确地、有意识地、系统地提高企业组织人力资源管理工作的绩效,有目的地进行人力资源的整合,可以充分发挥企业员工的潜能,和谐处理企业经营者与员工之间的关系,并对相应的各种管理活动予以计划、组织和控制,从而促成企业革新,提高企业组织效率,增强企业核心竞争力。

企业人力资源管理的经验有以下几点。

(1) 以人为本实施人力资源战略。企业不仅要造就有成就的人才,而且要培育人才团队,发挥人力资源团队规模效应;不仅要发挥人力资源的劳动密集型功能,更应发挥人才的智力密集型功能;不仅要发挥人才自身功能,而且要充分利用其社会关系网络:不仅要利用内脑,而且要利用外脑。企业应通过吸纳成熟型人才、成长型人才,有效拓宽利用社会人才的渠道。

(2) 企业应开辟三条人才渠道:立足区域,充分发挥本地人才渠道的主渠道作用;面向全国,吸纳高层次人才;注重与国际接轨,寻求外籍管理者、专家的支持。

(3) 企业应在三个层面上开发人力资源:在企业高层形成职业精英团队;在企业内部实施全员培训;在企业外部正面影响客户、公众。

(4) 形成公平竞争的环境,不拘一格、机会均等、任人唯贤;没有性别、籍贯、身体特征上的偏见;没有派系、门户之见;没有领导个人用人偏好。

(5) 保持一定的员工流动性。过于稳定,会造成一潭死水,没有竞争压力。流动过于频繁,会造成队伍不稳定、缺乏技术积累、人才流失。

(6) 增强工作多样性和工作丰富性。打破员工岗位固定化和单一专长化模式,适时调换员工工作岗位和地点,或建立工作小组制,使员工做到一专多能或全能发展,保持员工的工作热情、新鲜感和挑战性。

(6) 建立员工正常晋升机制,使普通员工拥有被提拔的权利和机会。大力开展制度化的合理化建议活动,从中发现、挖掘人才。对突破常规机制、脱颖而出的尖子人才,要委以重任。

企业要生存、发展并取得成功,关键在于提升企业核心竞争力。它是独一无二,不易被别的企业模仿、学习,难以被替代的。企业要取得成功,必须创造良好环境,要有创新精神,善于整合人力资源,提升企业核心竞争力,使企业立于不败之地。

四、制定企业战略

(一) 什么是战略

战略就是在竞争条件下,关乎组织发展的方向性、长远性、全局性的谋划和行动。

企业战略管理要注意以下问题:一是以问题为主线,探讨在当前形势下,关系到企业生存和发展的重要现实问题,简化或省略烦琐的战略分析;二是强调可操作性,注重战略的实施;三是注重可借鉴性。

对于企业来说,战略可以使投入的资本得到长期、持续的回报。领导者的主要责任就是,在保持企业正常运作的同时,为企业把握正确的战略方向,有力地推进战略性发展的进程,使企业获得生存和持续发展的资格、实力。所以,战略是企业必须具备的。

(二) 战略管理的流程

1. 进行准确的环境分析

商业环境时常处于剧烈变化之中,而环境变化会对企业经营产生重要影响,有些影响甚至是致命的。我们要认清宏观环境的变化,如行业的变革、竞争条件的变化、消费者需求的变化。认清这些变化会更有利于企业的发展。

进行环境分析可采用 PEST 分析法(图 5-7)。

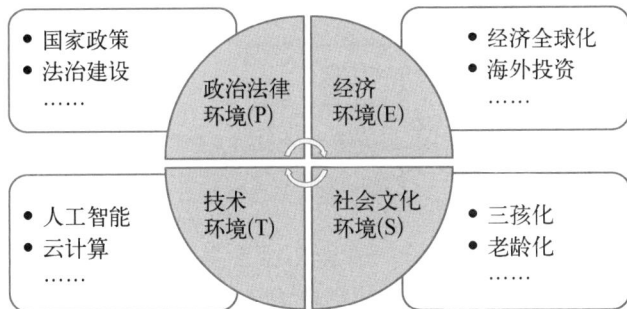

图 5-7　PEST 分析法

(1) 政治法律环境。政治环境包括一个国家的社会制度,执政党的性质,政府的方针、政策、法令等。不同的国家有着不同的社会性质,不同的社会制度对组织活动有着不同的限制和要求。即使社会制度不变的同一国家,在不同时期,由于执政党不同,其政府的方针特点、政策倾向也是不断变化的。

(2) 经济环境。经济环境主要包括宏观和微观两个方面的内容。宏观经济环境主要指一个国家的人口数量及其增长趋势,国民收入、国内生产总值及其变化情况,以及这些指标能够反映的国民经济发展水平和发展速度。微观经济环境主要指企业所在地区或所服务地区的消费者的收入水平、消费偏好、储蓄情况、就业程度等因素。这些因素直接决定着企业目前及未来的市场大小。

(3) 社会文化环境。社会文化环境包括一个国家或地区的居民文化水平、宗教信仰、风俗习惯、审美观点、价值观念等。文化水平会影响居民的需求层次;宗教信仰和风俗习惯会影响某些活动的进行;价值观念会影响居民对企业目标、企业活动及企业本身的认可与否;审美观点和价值观念则会影响人们对企业活动内容、活动方式及活动成果的态度。

(4) 技术环境。对技术环境,除了要考察与企业所处领域的活动直接相关的技术手段的发展变化,还应及时了解国家对科技开发的投资和支持重点,该领域的技术发展动态、研究开发费用总额、技术转移和技术商品化速度、专利及其保护情况等。

2. 洞察行业变化带来的影响

行业变化是必然的,不过不是所有的变化都会带来影响。我们要分清行业变化带来的主要影响、次要影响、直接影响、间接影响,并对这些影响系统分析、清晰洞察、加以应对。

进行行业变化分析可采用波特五力模型(图 5-8)。

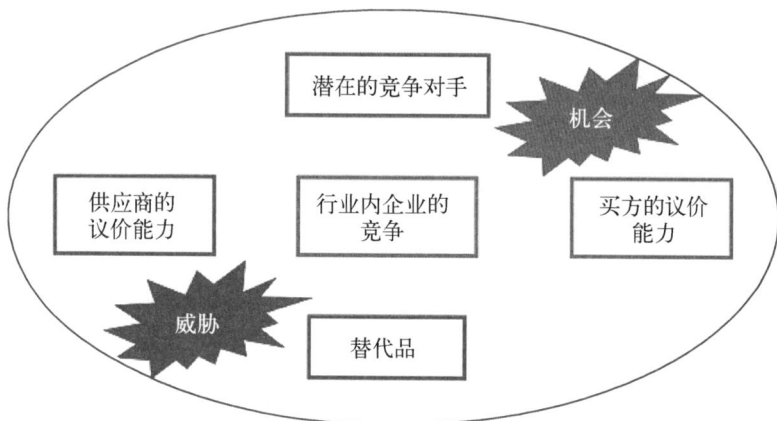

图 5-8 波特五力模型

（1）潜在的竞争对手。潜在的竞争对手是行业竞争中的一种重要力量，这些新进入者大都拥有新的生产能力和某些必需的资源，期待能建立有利的市场地位。一方面，新进入者加入该行业，会带来生产能力的上升，带来对市场占有率的要求，这必然引起其与现有企业的激烈竞争，使产品价格下跌；另一方面，新进入者要获得资源进行生产，可能使得行业生产成本升高。这两方面都会导致行业的获利能力下降。

（2）替代品。某一行业的企业有时会与另一行业的企业处于竞争的状态，其原因是这些企业的产品具有可以相互替代的性质。替代品的价格如果比较低，投入市场后就会使本行业产品的价格上限只能处在较低的水平，这就限制了本行业的收益。本行业与生产替代品的其他行业进行的竞争，常常需要本行业所有企业采取共同措施和集体行动。

（3）买方的议价能力。买方即顾客。买方的议价能力需要视具体情况而定，但主要由以下三个因素决定——买方所需产品的数量、买方转而购买其他替代品所需的成本、买方追求的目标。买方可能要求降低购买价格，要求高质量的产品和更多的优质服务，其结果是使得行业中的企业相互竞争，导致行业利润下降。

（4）供应商的议价能力。对某一行业来说，供应商议价能力的强弱，主要取决于供应商行业的市场状况及它们所提供的产品或服务的重要性。供应商的威胁手段一是提高供应价格，二是降低相应产品或服务的质量，从而使下游行业利润下降。

（5）行业内企业的竞争。这种竞争力量是企业所面对的最强大的力量，这些竞争对手根据自己的一整套规划，运用各种手段（价格、质量、造型、服务、担保、广告、销售网络、创新等方面）力图在市场中占据有利地位和争夺更多的顾客，会对企业造成极大的威胁。

3. 分清企业面对的机会和威胁

外界环境带来的变化无非是机会和威胁，机会是我们要抓住的，威胁是我们要避开的。分清它们并及时应对会使企业发展更快。

战略因素如图 5-9 所示。可采用 SWOT 分析法综合分析。

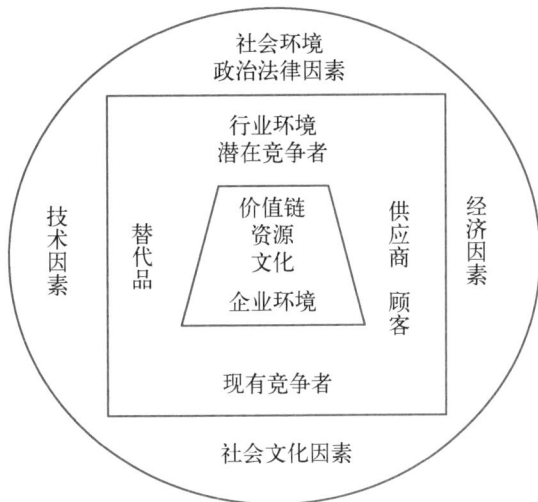

图5-9　战略因素

SWOT 分析是分析环境的有效工具,通过对优势(strengths)、劣势(weaknesses)、机会(opportunities)、威胁(threats)的分析,对企业的实力进行全面评价。SWOT 分析的具体做法是把对企业经营有影响的各种宏观因素和微观因素一一列出(图5-10),然后评价这些因素对企业发展而言是优势还是劣势,是威胁还是机会,并且采用适当的加权方法,估计企业所处环境的整体情况。

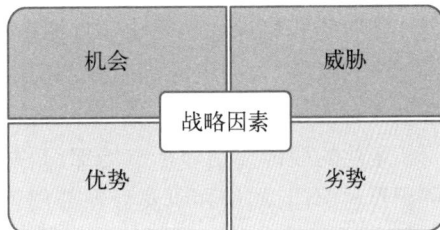

图5-10　影响企业战略目标实现的因素

进行 SWOT 分析后可采取的四种战略如表5-14 所示。

表5-14　SWOT 战略表

因　素	优势（S）	劣势（W）
机会(O)	SO 战略 利用优势,开发机会	WO 战略 克服劣势,开发机会
威胁(T)	ST 战略 利用优势,避开威胁	WT 战略 弱化劣势,避开威胁

SO 战略:企业面对较多的市场机会,同时具有明显的优势。此时企业应该积极开发新产品,拓展经营领域,以获得更大的获利空间。

WO 战略:尽管面对众多市场机会,但企业明显处于劣势。此时企业应该扬长避短,设法弥补不足。

ST 战略:企业面临强大的威胁,同时具备竞争优势。此时企业应利用自己的优势,分析环境威胁的来源,对症下药,变被动为主动。

WT 战略：企业面临强大的威胁,同时具备竞争劣势。企业要进行业务调整,改变企业经营战略,回避环境威胁,改善企业自身条件,寻求新的市场机会。

4. 选择战略

进行环境分析和行业分析后,企业就应该进行战略选择了,具体流程如图 5-11 所示。

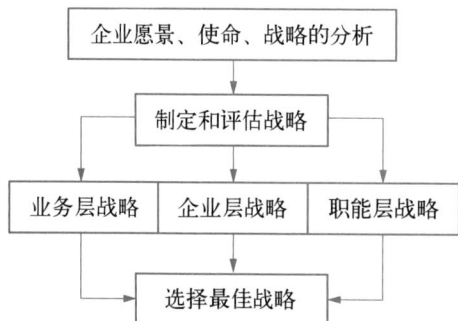

图 5-11　战略选择流程

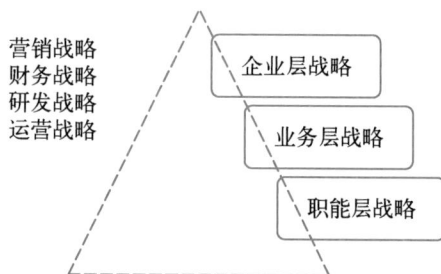

图 5-12　企业的战略规划

企业的战略规划必须能够直接指导各职能部门计划的制订,企业的研发、生产、品控、广告,促销、财务、人力资源等职能部门的规划必须以企业的战略意图和规划为依据。有企业规划才有部门的规划,企业整个战略规划的实施必须落实到职能部门(图 5-12)。

企业的职能部门包括市场部门、财务管理部门、供应链管理(包含生产管理)部门、人力资源管理部门、质量和研发管理部门等。职能部门规划的最终目标是持续提升企业的核心竞争力。

5. 执行战略

(1) 将企业战略的核心内容分解到企业的各主要职能上,根据前面的分析,列出战略的主要内容与企业的各主要职能对应的工作清单和时间计划。

(2) 将战略目标转化为工作目标。企业的战略目标是企业实现量化管理的重要依据。按照时间长短划分,制定各部门相应的长、中、短期工作目标,这样就让企业的战略目标得到了有效的分解,同时也为各部门的工作目标建立提供了有力的依据。如果战略目标不能分解,表明战略目标本身可能也有问题,可以从部门工作目标角度提出调整战略目标的有关建议,使战略目标切实可行。各岗位还应对部门工作目标进一步分解,制定与部门工作目标相一致的岗位工作目标。个人还可以根据部门目标和岗位工作目标,制定个人在企业中的未来发展目标,从而实现个人发展与企业发展的良好结合。

从企业目标到部门工作目标、岗位工作目标,再到个人发展目标,企业战略与目标管理的有机结合有助于企业战略的落地。

(3) 根据新的工作内容和工作目标调整计划预算。预算管理是规范企业内部管理的一种有效方式,也是实现企业经营控制的一项重要手段。简单地理解,预算管理就是对企业生产经营的各项活动应该做什么、应该达到什么目标、应该花费多少钱等重要内容进行计划、管理。

6. 战略评估

对战略执行情况的跟踪和评价同样关键。企业的战略管理过程包括战略制定、战略实施、战略评估三个方面,其中战略实施和战略评估都会对战略制定形成反馈。要确保在动态管理中实现企业战略的有效实施。

课·堂·练·习 5.8

1. 撰写你想创办的企业的愿景与使命,填写表 5-15。

表 5-15　企业的愿景与使命

企　业	愿　景　与　使　命
通用电器	愿景:让世界更光明 使命:① 无边界,快速,远大;② 以科技及创新改善生活品质,在对顾客、员工、社会与股东的责任之间实现互相依赖的平衡;③ 在服务的每一个市场中都要成为数一数二的企业,并且改革企业,使之拥有小企业一般的活力
苹果公司	愿景:让每个人都拥有一台计算机 使命:推广公平的资料使用惯例,建立用户对互联网的信任和信心
你未来的企业	愿景: 使命:

2. 对你想创办的企业进行 SWOT 分析,填写表 5-16。

表 5-16　企业的 SWOT 分析

因　素	优势(S):	劣势(W):
机会(O):	SO 战略:	WO 战略:
威胁(T):	ST 战略:	WT 战略:

总结案例

丰田汽车的核心竞争力

丰田汽车公司是世界十大汽车工业公司之一,创立于 1933 年,现在已发展成为以汽车生产为主,业务涉及机械、电子、金融等行业的庞大工业集团,年产汽车近 1 000 万

辆。丰田汽车公司能取得今日的成绩，和它的核心竞争力分不开。

1. 核心竞争力之一：生产管理模式（精益生产）

丰田生产管理模式以其高效率、高品质、高利润的流程化生产享誉世界，成了制造业的标杆。它改变了传统的由前端生产者主导生产量的做法，重视后端顾客需要，以更适合越来越复杂的市场需要。"杜绝浪费"是丰田生产方式的基本思想，其拥有两大坚实支柱。

（1）准时化。所谓准时化，就是在通过流水作业装配一辆汽车的过程中，所需要的零部件会在需要的时刻以需要的数量被送到生产线旁边。这样，几乎就能在丰田汽车公司内部把在物资和财务上给经营管理造成负担的库存问题解决。

（2）自动化。自动化不是单纯的机械自动化，而是包含人的因素的自动化。将人的智慧赋予机器，杜绝生产现场中过量制造的无效劳动，防止生产不合格品。

2. 核心竞争力之二：产品研发管理模式（精益开发）

人们通常认为丰田的成功完全依赖丰田生产系统。事实上，建立丰田生产系统只是丰田全面优化企业流程的第一步。丰田的下一步战略是完善丰田产品开发系统。丰田精益产品开发的三要素即流程、人和技术。建立顺畅、高效的流程是精益产品开发的第一步。精益产品开发的第二步是将合适的人员安排在合适的岗位上，建立有效的产品开发组织。精益产品开发的第三步是用工具和技术来支持流程和人的工作。

由此，我们可以看到，丰田今日的成就依赖于其在不断变化的市场环境中对竞争战略的调整和正确应用。丰田的竞争战略具有以下特点：执着而不乏创新，卓越而不乏柔性，开拓而不乏敏锐。

🔍 实 训 实 践 5.4 -

商 战 练 兵

请根据以下材料回答有关问题。

富贵鸟负债42亿元，一代"鞋王"宣告破产

富贵鸟是1991年成立的，一度被认为是中国的鞋业大王。富贵鸟作为能够和李宁、

361°等同处第一阵营的品牌,曾经四次夺下"中国真皮鞋王"的荣耀。当时,很多年轻人以拥有一双富贵鸟的鞋子为骄傲。

2013年,富贵鸟迎来发展巅峰期,在港交所上市首日股价直冲8.9港元,是当时唯一有此殊荣的休闲服饰品牌,其市值高达近百亿港元,一时万众瞩目,风光无限。然而,沉浸在上市喜悦中的创始人没有察觉,危机其实已经在悄然接近了。

2013年是富贵鸟发展的巅峰,也是淘宝疯狂发展的一年,电商到处攻城略地,挤压传统商业模式。富贵鸟觉得做电商库存压力太大,对此不屑一顾。短短2年的时间,富贵鸟就被电商抛下了。等醒悟过来,想要追赶的时候,它却再也赶不上了。

没有赶上电商的列车,富贵鸟开始病急乱投医:做分销,让每个人都成为推销员,可是这样的模式根本不适合富贵鸟,只会对它的品牌影响力造成冲击;胡乱投资,甚至还对许多网红进行了投资。短短三年时间,富贵鸟就落下神坛,被迫宣布停牌。

列出富贵鸟经历的成长周期(表5-17)。

表5-17　富贵鸟的成长周期

序　号	成长周期说明
1	
2	
3	
4	

附录1　主要的创新创业大赛

一、赛事解读

（一）中国国际大学生创新大赛

1. 赛事简介

该赛事原名中国国际"互联网＋"大学生创新创业大赛，自2015年起每年举办一次，每届大赛均有特定的主题、目的、任务、组织机构、项目要求、参赛对象、比赛制度、赛程安排、评审规则、大赛奖励等，迄今已经成功举办九届。其参赛队伍不仅有来自国内普通高校和职业院校的，而且有国外高校队伍。

2024年，中国国际大学生创新大赛(2024)由教育部等12个部门与上海市人民政府共同主办，上海交通大学与上海市闵行区人民政府承办。大赛以"扎根中国大地、创新筑梦青春"为主题，使广大青年学生坚定不移听党话、跟党走，厚植家国情怀、扎根中国大地，以创新实践服务国家、服务人民，将个人奋斗融入强国建设、民族复兴伟业。

2. 比赛考查要点

中国国际大学生创新大赛职教赛道分为创意组和创业组，面向全体职业院校学生。创意组和创业组都是从教育、创新、团队、商业、社会价值五个维度进行评审的，创意组特别关注创新维度，创业组特别关注商业维度，两个组别都着重强调教育维度的相关指标。

值得注意的是，选择创意组参赛并不意味着项目仍处在创意阶段，应具有较为成形的产品原型、服务模式，已通过相关技术检测和客户试用等技术和商业验证环节。

3. 参赛项目要求

参赛项目要求能够将移动互联网、云计算、大数据、人工智能、物联网等新一代信息技术与经济社会各领域紧密结合，进而能够培育新产品、新服务、新业态和新模式。项目要能充分体现高校在新工科、新医科、新农科、新文科建设等方面取得的成果，促进制造业、农业、卫生、能源、环保、战略性新兴产业等转型升级，促进人工智能、数字技术与教育、医疗、交通等领域深度融合。

4. 赛程安排

该赛事时间跨度较大，通常每年的3月开始，当年的11月结束。赛事分为四个阶段，3—5月为报名阶段，6—7月为学校初赛阶段，8—9月为省级复赛阶段，10月或11月为全国决赛和颁奖阶段。

5. 报名流程

大赛采用网上报名的方式。参赛选手进入全国大学生创业服务网，先进行注册、登录，

然后根据页面提示,根据自己的实际情况选择参赛赛道、组别、类别等,进行报名参赛内容填写,最后确认提交,即可完成报名。

6. 奖项设置

每届赛事的奖项设置有所不同。以中国国际大学生创新大赛(2023)为例,各赛道分别设置了以下奖项。

(1) 高教主赛道设冠军1名,亚军1名,季军4名,金奖248个,银奖488个,铜奖1 641个,入围总决赛项目80个。

(2) "青年红色筑梦之旅"赛道设金奖64个,银奖127个,铜奖415个,入围总决赛项目36个。

(3) 职教赛道设金奖62个,银奖126个,铜奖422个,入围总决赛项目42个。

(4) 产业命题赛道设金奖40个,银奖79个,铜奖278个。

(5) 萌芽赛道设创新潜力奖项目20个,入围总决赛项目206个。

大赛另设组织奖、集体奖,包括省市优秀组织奖5个,高校集体奖10个。

(二) "挑战杯"中国大学生创业计划竞赛

1. 赛事简介

提起"挑战杯"竞赛,职业院校师生无人不知,可见这项赛事的影响力。这一方面是因为这项赛事起步早,早在1989年就开始举办;另一方面是因为这项赛事是由共青团中央、中国科学技术协会、教育部、中华全国学生联合会等主办的大学生课余科技文化活动中的一项具有引导性、示范性和群众性的竞赛活动,涉及面广,权威性强,参与者众多,被誉为中国大学生学术科技的"奥林匹克"。

事实上,"挑战杯"竞赛是由两个并列项目组成的,一项是"挑战杯"中国大学生创业计划竞赛(俗称"小挑"),另一项是"挑战杯"全国大学生课外学术科技作品竞赛(俗称"大挑")。这两个项目交替轮流开展,两个项目分别每两年举办一届。

2. 比赛考查要点

结合往届情况对比来看,"大挑"比"小挑"难度稍高,二者的参赛项目和比赛侧重点也有所不同。"大挑"参赛作品按照类别主要分为自然科学类学术论文、哲学社会科学类社会调查报告和学术论文、科技发明制作。"小挑"的参赛作品则是项目的创业计划书,即"提出一项具有市场前景的技术、产品或者服务,并围绕这一技术、产品或服务,以获得风险投资为目的,完成一份完整、具体、深入的创业计划"。"大挑"更注重学创作术、科技发明的实际意义与特点,"小挑"则更注重市场与技术、服务的结合,偏重考查参赛人员的商业嗅觉敏感性。

3. 参赛项目要求

"小挑"的参赛项目分普通高校项目、职业院校项目两类,具体设科技创新和未来产业、乡村振兴和产业发展、城市治理和社会服务、生态环保和可持续发展、文化创意和区域合作五个组别。这些组别的具体项目要求如下。

(1) 科技创新和未来产业。围绕创新驱动发展战略,推动数字经济健康发展,在智能制造、信息技术、大数据、人工智能、生命科学、新材料、军民融合等领域,结合实践、观察设计项目。

(2) 乡村振兴和产业发展。围绕实施乡村振兴战略,在农林牧渔、电子商务、乡村旅游、城乡融合等领域,结合实践、观察设计项目。

（3）社会治理和公共服务。围绕国家治理体系和治理能力现代化建设,在政务服务、消费生活、公共卫生与医疗服务、金融与财经法务、教育培训、交通物流、人力资源等领域,结合实践、观察设计项目。

（4）生态环保和可持续发展。围绕可持续发展战略和碳达峰、碳中和目标,在环境治理、可持续资源开发、生态环保、清洁能源应用等领域,结合实践、观察设计项目。

（5）文化创意和区域合作。突出共融、共享,紧密围绕"一带一路"和京津冀地区、长三角地区、成渝地区及粤港澳大湾区等经济合作建设,在工业设计、动漫广告、体育竞技和国际文化传播、对外交流培训、对外经贸等领域,结合实践、观察设计项目。

4. 赛程安排

每届赛事的赛程安排可能有所不同。以 2022 年举办的第十三届大赛为例,其校赛、省赛时间较上一届提前了两个多月。2022 年 5 月底前由各校组织校级赛事,广泛发动学生参与,遴选参加省级复赛的项目;2022 年 6 月底前由各省级团委举办省级赛事,按照分配名额遴选参加全国决赛的项目,在赛事官方平台完成项目申报;2022 年下半年进行全国决赛。共有 1 500 个项目进入全国决赛。其中,1 000 个名额由省级团委确定,300 个名额面向在赛事组织、学生参与、宣传发动等中表现突出的学校直接分配,200 个名额通过"国赛直通车"评审分配。

5. 参赛形式

以学校为单位统一申报,以项目团队形式参赛,每个团队原则上不超过 10 人,每个项目的指导教师原则上不超过 3 人。对于跨校组队参赛的项目,各成员须事先协商,明确项目的申报单位,由各省级组织协调委员会最终明确项目的申报单位。全国决赛报名截止后,只可进行人员删减,不可进行人员顺序调整及人员增加。

6. 奖项设置

根据《"挑战杯"中国大学生创业计划竞赛章程》的规定,大赛设金奖、银奖、铜奖,分别约占全国决赛获奖项目的 10%,20%,70%。全国组委会可视各省(区、市)、各校的参与情况,设置组委会活动单项奖。同时,大赛还设置了学校集体奖、学校优秀组织奖和省级团委优秀组织奖。其中学校集体奖以学校为单位计算参赛得分并排序评选。金奖项目每个计 100分,银奖项目每个计 70 分,铜奖项目每个计 30 分。每校取获得奖次最高的 6 个项目计算总积分,如总积分相等,则以获金奖的个数决定同一名次内的排序,以此类推至铜奖。如总积分、获奖情况完全相同,由全国组委会综合考虑,予以最终评定。大赛期间,还会组织参赛项目参与交流展示活动。

（三）"创青春"中国青年创新创业大赛

1. 赛事简介

"创青春"中国青年创新创业大赛是由共青团中央、教育部、人力资源和社会保障部等联合地方省级人民政府共同举办,其他部委和社会机构共同支持的全国性赛事,2014 年举办首届,其后每年一届。该赛发掘科技含量高、前瞻性强、示范带动作用强的项目,是受包括普通高校学生和职业院校学生在内的广大青年喜爱的一项创新创业示范赛事。

"创青春"大赛的目的是搭建创业者展示、成长的平台和投融资对接平台,建立青年创新创业项目库、人才库、导师库,优化青年创业环境,提高青年创业成功率,激发全社会关心青年创业的热情,促进青年创业就业服务体系建设。大赛采取二、三产业和涉农产业分赛制,由团中央城市青年工作部和农村青年工作部分别组织开展。

2. 参赛人员

与上述面向普通高校和职业院校学生的赛事不同,该赛事还面向社会青年,凡是年龄在35岁以下(含)的中国公民均可参赛,可以团队参赛,也可以个人参赛。由团队申报的参赛项目,团队总人数不多于5人,且团队成员平均年龄不超过30岁(含)。

3. 参赛项目要求

"创青春"中国青年创新创业大赛分为科技创新、乡村振兴、互联网(数字经济)、社会企业四个专项赛。其中科技创新专项赛重点关注"十四五"规划明确鼓励发展的重点方向,特别是人工智能、量子信息、集成电路、生命健康、脑科学、生物育种、空天科技、深地深海等领域具有前瞻性、战略性的项目;乡村振兴专项赛重点关注先进种植养殖技术、农产品加工及销售、农业社会化服务、乡村旅游等领域相关产业,尤其是在巩固拓展脱贫攻坚成果、助力乡村振兴等方面模式成熟的项目;互联网(数字经济)专项赛重点关注移动互联网、互联网设备、共享经济、大数据、人工智能、智慧城市等互联网技术与应用相关产业,以及运用互联网手段改造发展传统产业的项目;社会企业专项赛重点关注教科文卫体、生态环境、扶贫济困、社区发展、慈善金融等领域,能够运用商业化手段规模化、系统化解决社会问题的项目。

4. 组别设置

根据参赛项目所处的创业阶段及企业创办年限(以企业登记注册时间为准),大赛分别设创新组、初创组、成长组,乡村振兴专项赛另设电商组。创新组为未进行企业登记注册,尚处于创业计划书阶段的创业项目;初创组为企业登记注册时间不超过2年(含)的创业项目;成长组为企业登记注册时间在2至5年(含)之间的创业项目;电商组为企业登记注册时间不超过5年(含)的创业项目。

5. 项目申报

已进行企业登记注册的参赛项目,须提交营业执照、税务登记证副本、银行开户许可证复印件等相关文件,项目成长过程或生产流程的相关介绍,项目发展构想及阶段性成果等资料。涉及国家限制行业和领域的,须有相关资质证明。第一申报人须为企业法定代表人,且持有该企业股份。

未进行企业登记注册的参赛项目须提交创业计划书,对市场调研、创业构想、项目发展等做详细介绍。可同时提交专利、获奖、技术等级等省级以上行业主管部门出具的证书或证明。第一申报人须为产品开发、项目设计主要负责人,与相关证书或证明一致。

6. 奖项设置

各专项赛分别设置金奖、银奖、铜奖及优秀奖。获奖项目将获得全国组织委员会颁发的奖杯和证书,优秀项目可享受各主办单位出台的相关优惠政策。

(四) 中华职业教育创新创业大赛

1. 赛事简介

中华职业教育创新创业大赛是中华职业教育社组织主办的唯一面向全国职业(技工)院校学生的赛事,由中华职业教育社主办,教育部、人力资源和社会保障部等指导。该赛事是落实"大众创业、万众创新"和职业教育领域创新创业相关政策的具体举措,也是积极推动

"岗课赛证融通"、综合育人的重要平台,至今已成功举办七届。

2. 参赛项目要求

中华职业教育创新创业大赛参赛类别有农林、畜牧及相关产业类,生物类,医药类,化工技术、环境科学类,电子信息(软件、网站)、电子信息(硬件)、材料类,机械能源类,社会服务、教育类,文化创意类等,覆盖面广,种类多,规模大,为职业院校学生搭建了展示创新创业成果的舞台,引导学生学习创业知识,助力国家创新发展。

3. 参赛对象

大赛主要面向职业院校学生,包括中职组、高职组,以及应用技术型本科组。五年制高职学生报名参赛,一至三年级学生进入中职组,四、五年级学生进入高职组;应用技术型本科、职业技术大学的学生进入高职组。选手以团队形式参赛,每个参赛团队由3~5名成员组成,并配备1~2名指导老师。此外,该赛事强调交流性,邀请港澳台的职业院校学生参赛,共建友好职业教育生态圈。

4. 赛程安排

每年8月至9月,各省(区、市)中华职业教育社组织完成省级比赛,遴选出各省(区、市)代表队,参与之后的国家级比赛;10月初完成国赛网上申报;11月进行全国总决赛。

5. 报名流程

9月30日之前,由各省(区、市)职教社组织本省(区、市)的参赛队伍在规定时间登录大赛官网,完成网络申报。各组别报满4个项目的,该组第一名自动晋级决赛,其余项目均进行网络评审;未报满4个项目的,该组项目全部进行网络评审,依据网络评审成绩进行排名,确定晋级决赛的相关项目。

6. 奖项设置

大赛设一、二、三等奖,由主办单位颁发证书和奖金,另设优秀奖、指导教师奖、组织奖和突出贡献奖,由主办单位为获奖单位和个人颁发证书。其中,大赛中职组、高职组、应用型本科组各设第一名8个、第二名12个和第三名20个。

校赛和市赛的赛事安排及参赛要求基本上都是参照省赛和国赛的要求进行的,在时间上往往比上一级赛事有一定的提前,以便对胜出选手进行有针对性的集训。

二、选择适合的赛事及项目

如果想要参加省级或者国家级创新创业大赛,需要先参加学校举办的大赛,在校赛中表现突出的团队和创业项目可以被推荐参加省赛,省赛中成绩优异的创业团队和创业项目可以被推荐参加全国创新创业大赛。参加创新创业大赛,应注意以下几点。

(一) 要有勇于挑战、积极参与的心态

参加创新创业大赛本身不是目的,通过参赛启迪创新思维、培养创造能力、学会创业方法才是我们追求的目标。我们应该抱着勇于接受挑战、重在积极参与的心态去选择赛事项目、参与比赛训练。在此过程中,一方面将自己所学到的理论知识、技术技能运用到赛事项目中去,学会和团队成员协同分工、合作共事,培养自己的耐力、毅力;另一方面挖掘自己在创新创业方面的潜能,为毕业后的出路多备一个选项。客观而言,并不是所有人都适合创业,自己是否具备创业潜能、多大程度上能够创业成功、能否承受创业失败等问题的答案,只有通过实践才有可能得出,而积极参加各级各类创新创业赛事就是实践的良机。创业者需要的乐观向上、善于思考、勇于进取、敢于冒险、不怕挫折等个性特征并不是天生的,而是基于原有基础、源于日积月累、成于实践锻炼的,参加各级各类创新创业大赛正是一个难得的契机。

(二)正确认识自己,扬长避短选择赛事

正确认识自己是得到发展、取得成绩的基础。要做到准确认识自己,方法不外乎两种:第一种方法是对内反思,第二种方法是对外交流。同时,俗话说"金无足赤,人无完人",在赛事选择中,我们要尽可能地扬长避短,选择自己擅长的专业领域,选择自己感兴趣、有基础、有潜力的项目,充分利用赛事锻炼自己、提升自己。

(三)学会分析信息并进行选择

这是一个信息爆炸的时代,也是一个充满机遇的时代,我们应该学会分析各种信息并谨慎选择,一旦选择了,就要努力坚持。

一般,我们会选择收集自己所感兴趣的内容,无须思考这些信息当下是否有用。创意就源自对生活中的点滴进行的整理与归纳,要从广博浩瀚的信息海洋中收集有利于我们思考的信息。所谓创意,只是把原有的元素重新组合而已。因此,我们需要学会选择信息,并对其进行排列组合。选择与分析信息是创业者的一堂必修课,选对战场是开始创业的第一步。因此,为了开启创业之旅,我们需要学会在浩如烟海的大数据中收集、分析信息,并做出正确的选择。

附录2 创业计划书的梳理与优化

创业计划书可以帮助创业者理清思路,进行准确定位,争取合作伙伴,是叩响投资者大门的"敲门砖"。一份优秀的创业计划书往往会使创业收到事半功倍的效果。

一、梳理创业计划书的三个方面

(1) 包含的内容是否全面。

(2) 内容是否符合逻辑,产品、竞品、团队、模式、财务等模块的逻辑是否相互呼应。

(3) 是否做到了有效呈现,如关键词提炼清晰,内容数据化。

二、优秀创业计划书的撰写要点

(1) 整理素材,形成清晰的思路。不管是做产品或服务还是做运营,都需要有良好的换位思考。

(2) 核心表述。发现创业到底要做什么,解决问题,产生价值。

(3) 实现的方法与路径。写明对商业模式本质的思考和合理的运营路径。商业模式约等于你要如何赚钱;运营路径约等于你要如何一步步挣钱,实现商业模式。

(4) 语言组织与表达清晰完整、简洁大方,数据有力,突出要点、亮点。

(5) 要体现专利、获奖、荣誉。

三、创业计划书内容的优化

1. 摘要的优化

摘要是创业计划书的核心,是整个创业计划书的"凤头",是对整个创业计划书的高度概括。从某种程度上说,投资人是否中意你的项目,主要取决于摘要部分。可以说,没有好的摘要,就没有投资。摘要一般包含了企业概述、产品和服务、市场概貌、营销策略、销售计划、生产管理计划、管理者及其组织、财务计划、资金需求状况、退出机制等内容。

将摘要放在创业计划书的最前面,浓缩创业计划书的精华,以求一目了然,使读者能在最短的时间内评审创业计划书并做出判断。摘要要求简明、扼要,最好控制在一页纸内,把最突出、最有特色的地方体现出来。

2. 企业介绍的优化

要介绍清楚企业的基本情况,包括发展历史,发展背景,成立地点、时间,所处阶段,经营范围,主营业务,竞争情况。

3. 战略规划的优化

要介绍清楚企业的业务描述、宗旨和目标、发展规划和策略。要"用数据说话",说明时间点和具体的目标数据,必须具有可操作性,切忌泛泛而谈。

4. 创业组织的优化

介绍主要团队成员及其经历、学历、能力,企业的组织机构,各部门的功能与责任、负责人及主要成员,股东名单,报酬体系,董事会成员等。

5. 产品介绍的优化

介绍产品的概念、性能及特性,产品的市场前景和市场竞争力,与竞争对手的产品相比有哪些优缺点,研究和开发过程,处于生命周期的哪一阶段及阶段性成果,品牌和专利,要求通俗易懂,使不是专业人员的投资人也能明白,最好附上产品的原型、照片或其他介绍。

6. 市场预测的优化

要介绍清楚企业的市场需求预测、市场规模预测、产品利润预测、主要竞争对手、主要竞争手段、预计市场占有率。要求有深入、科学的市场调查,第一手的市场信息。

7. 营销计划的优化

要关注以下几个方面:价格,这是最敏感的因素,要制定合理的价格体系;渠道,包括直接销售渠道(店铺、上门、电话、网络)和间接销售渠道(代理商、批发商、零售商);促销,包括公关、广告、活动;营销队伍及其培训;营销过程,包括市场渗透与开拓计划,以及市场营销中对意外情况的应对策略。

8. 生产计划的优化

要包括以下内容:新产品的生产、经营计划;现有的厂房、设备或需要购置的厂房、设备;现有的生产工艺流程;原材料的供应、运输、储存;品质控制及质量改进能力;成本控制。

9. 财务规划的优化

需要说明启动资金量、资金使用计划、预计的资产负债表、预计的利润表、现金收支分析、资金的来源和筹资方式。要求表述出在什么时间需要多少资金,花在什么地方,能产生多少效益,得到多大回报。

10. 风险与退出的优化

描述可能出现的风险和风险应对措施。要特别关注技术风险(如设备使用不熟练、技术创新能力低)、市场风险、管理风险。

附录 3 路 演 攻 略

创业大赛路演是正式进入创业项目展示阶段后,对创业计划书、创业理念、团队实力的综合展示,这时要面对的问题是如何将创业计划书的内容更直观、准确地展现出来,接受评委的评估。所以,大赛路演既检验参赛团队的项目质量,又检验项目的呈现水平。

什么样的路演才是好的路演? 路演的本质是做一道证明题,即证明自己的项目是一个好的项目,而界定"好"的标准有两个:一是让台下的评委和投资人有投资的冲动,二是让消费者有强烈的购买欲望。创业项目展示需着重处理以下问题:了解评委的关注点,突出重点内容,制作配合陈述的 PPT 并且选择能够有效表达企业意图的团队成员进行陈述。

一、制作路演 PPT

完整的创业计划书有几十甚至上百页,各部分内容都十分详细、具体。然而,实际上,评委对创业方案的深入了解是从团队的陈述开始的。陈述时间是有限的,这时候我们就需要一份经过精心设计的路演 PPT。

一份优秀的路演 PPT 的作用体现在以下两方面:一是对听众的作用,它能帮助听众快速了解项目、把注意力放在创业项目的核心内容上,图文并茂的 PPT 有助于听众理解和做出判断;二是对演讲者的作用,制作 PPT 的过程能帮助演讲者整理思路,在演讲的过程中还可以起到提示的作用,同时,一份优秀的 PPT 比语言表述更加清晰和准确。

1. PPT 的内容设计

在陈述过程中,演讲者的陈述是配合 PPT 进行的。要在短短 5～6 分钟内对整个项目的内容进行讲解,就必须将评委对整个项目的关注点浓缩到 PPT 中。一般情况下,一份创业项目的 PPT 控制在 10～15 页即可,主要包括以下部分。

(1)封面:你是谁? 说明企业和项目名称、项目负责人等。

(2)商业背景:你解决的是什么问题? 直奔痛点,说明自己的项目解决的问题、创造的价值。

(3)产品逻辑:你是怎么解决这个问题的? 你推出了什么样的产品或服务? 它是怎样把问题解决的? 产品或服务是否成熟? 你的核心竞争力是什么?

(4)商业逻辑:明确一个行得通的商业模式。回答三个问题——你的客户是谁,客户价值是什么;你如何赚钱、如何持续地赚钱;你的商业模式如何通过实践或案例研究得到了验证。

(5)里程碑、成果:你已经做了什么? 用已有的运营数据证明你的思路是可行的,诸如已获得的流量、合作伙伴、用户数量、测试报告、专利等。

（6）团队组成：详细的团队介绍，要说明团队没有短板，成员各司其职、人尽其才。展示内容要和项目密切相关。

（7）财务与融资：展示财务报表、财务预估、股权结构、融资信息。

（8）封底：结语、企业和项目的发展愿景、联系方式。

2. PPT 的美化

如果想使 PPT 更具备说服力，除了注重内容的专业性，其外在形式也必须给人专业感。在设计的过程中，创业团队不仅要充分地利用有限的空间展现团队理念、产品特色，还要考虑到专业的审美，想办法在第一时间抓住评委的目光。

二、路演展示技巧

路演环节通常为 5～6 分钟，演讲者只能用极为精简和精准的语言阐述产品、自身优势、商业模式等，而且要具备相当的说服力。

1. 事先了解评分指标

在准备自己的创业计划书及路演前，要了解评分指标体系，认真进行梳理和总结，有针对性地进行准备。

2. 由团队核心人员担任演讲者

演讲者必须符合以下要求。

（1）要吃透自己项目的产品，这是最基础的。倘若演讲者连自己团队的项目都不能很好地介绍，即使是再好的项目也会大打折扣。

（2）熟知周围产品，就是与自己的产品相同、类似，已经存在于市场中的产品，对其提前进行对比和分析。

（3）头脑灵活。在投资人提问环节，投资人可能会问到一些自己答不上来的问题。这个时候千万不要沉默，可以尝试从多种角度入手进行回答。

（4）要有胆识、敢交流。可以尝试和投资人交流，询问自己的项目是否有价值，并且尝试更深入地向投资人讲述自己的项目。

3. 注意着装和礼仪

第一印象很重要。路演是展现个人魅力最直观的方式，得体的着装体现了对自己和投资人最基本的尊重，并直接关系到整个路演过程的气氛。最好整个团队都着正装，干净整洁。路演过程中要时刻注意礼仪与姿态。

4. 注重表达方式

要以通俗易懂、生动活泼、逻辑清楚的语言，让第一次接触该领域的人明白你讲述的内容。注意不要照着 PPT 念，要面对听众，对现场气氛要有敏锐的洞察力，时刻调整演讲的顺序和语言。

三、回答问题的一般技巧

正确理解评委提问，对评委问题的要点有准确的理解；回答具有针对性，而不是泛泛而谈；及时、流畅地回答，做到连贯、条理清楚；回答内容准确、可信，建立在准确的事实和可信的逻辑推理基础上；态度礼貌，评委提问时认真倾听，并对评委的提问表示感谢，回答问题时正视评委,与评委有眼神交流;不要与评委对立,承认项目存在问题,不要说项目是完美的;不要回避可以解决的问题,学会绕过无法解决的问题。

可参考表附录 3-1 的评分标准对路演进行评价。

表附录 3-1 评分标准

模块	指标	要素	分值	得分
项目情况	创业项目及规划	项目新颖,创新性强,符合国家发展产业政策; 项目有很强的可行性,有良好的市场前景和盈利能力; 有明确的发展规划和各个阶段的发展目标; 项目运营计划明确,商业模式构建合理	25	
	产品/服务	清楚描绘企业的产品/服务给顾客带来的价值; 明确说明产品或服务目前的技术水平及领先程度,具有一定竞争优势	15	
	创业团队	团队组织结构合理,管理分工明确; 创业团队成员具备相关的能力,并且具有互补性	10	
	市场开发及营销	明确表述产品或服务的市场容量与趋势、市场变化趋势及潜力; 成本及定价合理,能构建通畅合理的营销渠道和富于吸引力的促销方式	10	
	财务规划及融资	有明确、合理的财务规划,列出关键的财务指标和主要财务报表; 有明确的现金流量、资金需求预测和融资计划,融资方案具有吸引力	10	
现场表现	思路清晰,表达流畅,能清楚介绍整个项目的情况		10	
	PPT 结构清晰、有逻辑性,内容完整,重点突出,形式美观大方		8	
	准确理解评委问题,回答思路有针对性,逻辑严密,语言简洁流畅		7	
	精神风貌好,仪表整洁大方,表现得体		5	
总分	100 分(项目情况 70 分,现场表现 30 分)		100	

主要参考文献

[1] 董新蕊,侯宁,莫胜钧.创新魔方[M].北京：东方出版社,2023.

[2] 丁敏.逻辑创新思维法：无须头脑风暴的创新工具[M].肖莉,徐婕,译.北京：机械工业出版社,2023.

[3] 宾厄姆,麦克唐纳.创造的成本：创新者的得失权衡[M].朱雅妮,译.北京：中国科学技术出版社,2023.

[4] 汪世宏.企业创新发展[M].北京：北京对外经济贸易大学出版社,2022.

[5] 李娜,刘钒.第一动力：创新驱动发展[M].重庆：重庆大学出版社,2022.

[6] 李俊.创业实践：做中学创业[M].北京：北京师范大学出版集团,2018.

[7] 朱恒源,余佳.创业八讲[M].北京：中国人民大学出版社,2018.

[8] 丁忠明,焦晓波,郝喜玲.大学生创业启程[M].北京：机械工业出版社,2018.

[9] 刘志阳.创业画布[M].北京：机械工业出版社,2018.

[10] 巴林杰,爱尔兰.创业管理：成功创办新企业[M].5 版.北京：清华大学出版社,2018.

[11] 丛子斌.创新创业教育[M].北京：高等教育出版社,2016.

[12] 周苏,王硕苹,等.创新思维与方法[M].北京：中国铁道出版社,2016.

[13] 杨加陆.中小企业管理[M].上海：复旦大学出版社,2016.

[14] 邓立治,商业计划书：原理与案例分析[M].北京：机械工业出版社,2015.

[15] 科特勒,凯勒.营销管理[M].14 版.上海：格致出版社,2015.

[16] 朱江.大学生就业指导[M].北京：中国人民大学出版社,2013.

[17] 洛克伍德.设计思维：整合创新、用户体验与品牌价值[M].李翠荣,译.北京：电子工业出版社,2012.

[18] 王凯,赵毅.创业计划书编写理论[M].北京：北京理工大学出版社,2012.

[19] 国家科技风险开发事业中心.商业计划书编写指南[M].北京：电子工业出版社,2012.

后 记

　　《创新创业教育实践》(第二版)教材是在就业创业和职业指导领域有关专家、职业院校一线教师的共同努力下编撰完成的,并获评为"十四五"职业教育国家规划教材。

　　《创新创业教育实践》(第二版)由刘华强任主编,邓小瑜(珠海城市职业技术学院)、刘斌(北京华普亿方科技集团股份有限公司,以下简称北京华普亿方集团)、杨敏(珠海城市职业技术学院)、戴玉(黄河水利职业技术学院)任副主编。具体编写分工如下：项目一由杨敏、邓小瑜撰写；项目二由戴玉、黄海燕(黄河水利职业技术学院)撰写；项目三由陈秀杰(北京华普亿方集团)、李杨鑫(北京华普亿方集团)撰写；项目四由聂秋(北京华普亿方集团)、王小森(北京华普亿方集团)撰写；项目五由刘斌(北京华普亿方集团)、王华奇(北京华普亿方集团)、黄汉文(珠海城市职业技术学院)撰写；附录由李俊琦(北京财贸职业学院)撰写。刘华强进行了全书设计。付鹏(北京华普亿方集团)、邓小瑜、刘斌对全书进行了统稿。《中国培训》杂志编辑苗银凤为本书提供了部分参考资料。

　　人力资源和社会保障部职业技能鉴定中心的许远编审对教材的框架设计和编写工作给予了指导,提出了具体而有价值的编写建议,提供了最新的资料和研究成果,在此一并表示感谢。

　　本教材可与北京华普亿方集团开发的"领航者创业实训系统"配套使用。该系统内容涉及了解创业、培养创业能力、体验创业、创业经营管理模拟等,循序渐进,涵盖了创业者需要具备的关键知识与技能,能够帮助学生提升创业能力,降低创业风险,具备成功创业者的素质。

编　者